通級指導教室

特別支援教育サポートBOOKS

発達障害のある子への
「自立活動」指導アイデア110

喜多 好一 編著

明治図書

まえがき

「自立活動の指導は，具体的に何をどのように指導すればよいですか」
「自立活動の指導計画をどのように立てたらよいか教えてください」
　近年，特別支援学級や通級による指導に携わっている先生方からよく耳にする言葉である。
　平成29年3月に告示された小学校学習指導要領，中学校学習指導要領，さらに同年4月に告示された特別支援学校小学部・中学部学習指導要領では，自立活動に係る様々な改訂が行われた。
　小学校学習指導要領，中学校学習指導要領の総則には，特別支援学級の教育課程を編成する際に自立活動を取り入れることが，通級による指導の教育課程においては自立活動を参考にすることがそれぞれ示された。また，障害のある児童生徒一人一人に対するきめ細かな指導や支援を組織的・継続的かつ計画的に行うために個別の指導計画や個別の教育支援計画の作成・活用が重要な役割を担うことも記された。さらには，各教科等の解説には，自立活動の内容との関連が見られる障害による困難さに対する指導上の工夫として様々な手立てが例示された。
　特別支援学校小学部・中学部学習指導要領では，自立活動の内容が発達障害や重複障害の種類や状態等に応じた指導による一層の充実を図るために，「健康の保持」の項目として「障害の特性の理解と生活環境の調整に関すること」が追加され，6区分27項目になっている。また，自立活動の指導に当たっては「指導すべき課題」が明確になる個別の指導計画の作成プロセスも詳しく記されている。
　このように，特別支援学校も含め，特別支援学級，通級指導教室，さらには発達障害のある児童生徒の在籍が増加している通常の学級において，障害のある児童生徒一人一人の教育的ニーズに応じた適切な指導をする上で，自立活動の指導がこれまで以上に重視されてきている。
　しかし，冒頭の言葉のように，自立活動の内容にある6区分27項目をどのように解釈して個別の目標にし，さらには具体的にどのような内容で指導をしていけばよいのか理解できていない教員が多いのも事実である。その背景には，特別支援教育に携わる若手教員の採用数の増加とともに，特別支援学級や通級指導教室において特別支援学校教諭免許状の取得率が50%に達していない現状がある。全国的に，自立活動の指導に自信をもって実践できている教員は決して多くないと推察される。
　特別支援教育の歴史において，障害に伴う様々な困難さを改善・克服する指導の中核である自立活動の指導の優れた実践が，これまで多くの教育者によって積み上げられてきた。
　とりわけ通級による指導に関しては，指導そのものが自立活動の指導中心であることから，試行錯誤が繰り返され，実践の積み上げがなされている。特に，ADHDや自閉症スペクトラ

ム症の児童生徒に対してはソーシャルスキルトレーニングが，LD の児童生徒にはビジョント
レーニングなどが，それぞれ有効と思われる指導として確立し，全国的に広まっている。ただ
し，一方で，それらの優れた実践以外については，各校あるいは個人の実践として留まってい
ることが多く，継承できていないことが問題となっている。自立活動に初めて触れる教員に
とって，分かりやすく指導に生かせる資料の作成が急務の課題となっている。

　また，これからの特別支援教育において，通常の学級のみならず通級による指導や特別支援
学級に発達障害の診断を受けた児童生徒が増えていることからも，発達障害の児童生徒一人一
人の学習上および生活上の困難さの改善・克服を図る自立活動の指導の専門性を有する教員を
育成することも喫緊の課題である。

　以上の課題を解決するためには，まずは改定された特別支援学校学習指導要領解説自立活動
編を熟読することである。解説には，自立活動に関する実態把握の仕方から指導すべき課題の
設定の仕方，個別の指導計画の作成や活用，配慮すべきことがこと細かく記され，初めて自立
活動に触れる教員も容易に理解できる構成になっている。発達障害の特性による困難さを改善
する事例も多くはないが記載されている。十分に読み込むことで自立活動の専門性が身に付く
内容になっている。

　ただし発達障害に係る自立活動の指導に関しては，体系的に整理されていない現状がある。
その要因には，これまでの自立活動の解説には，個々の児童生徒の発達障害の特性や状態に応
じてどのような指導をするのがよいのか具体例な記載が少なく，実践者に任されていることが
挙げられる。また，個々の児童生徒の指導目標に応じて，必要な各区分に示された項目を選定
し，相互に関連付けて具体的な指導内容を設定するとされていることから，指導すべき目標と
内容が複数になってしまい，指導と評価の一体化が図りにくかった。

　本書においては，このような課題を少しでも解消することを目指し，改定された自立活動の
解説に新たに記されている発達障害に係る特性や手立てが記されている６区分22項目に絞り，
一覧表に整理した。さらに，項目ごとに優れた指導事例を当てはめ紹介することにした。

　今回紹介した指導事例に関しては，小学校の通級指導教室での実践であるため，対象となる
障害種は発達障害である。指導事例の対象は小学校低学年から高学年の児童，指導形態は個別
指導あるいは小集団指導，指導時間は10分から45分までとなっている。６区分22項目に当ては
めた事例になっているが，実際の指導場面では，他の６区分27項目と関連性をもたせている。
実践事例の中には，すでに似たような指導をしてきていると感じる事例も多いと思う。ぜひ，
それらの実践が自立活動のどの区分のどの項目に合致した指導なのかを確認するとともに，項
目ごとの指導実践を増やす契機にしていただければ幸いである。

編者　喜多　好一

CONTENTS

第1章 「自立活動」の指導のつくり方

1 「自立活動」のねらいと内容 8
2 発達障害のある幼児児童生徒に関わる「自立活動」の内容 10
3 「自立活動」における個別の指導計画の作成 11

第2章 「自立活動」の指導実践 110

健康の保持

生活のリズムや生活習慣の形成

1 触る・聞く・見る 14
2 身だしなみチェック 15
3 学習の準備・片付け，整理しよう 16
4 どこに何を置けばよいのかな？ 17
5 見た目は何割？第一印象 18

障害の特性の理解と生活環境の調整

6 自分とりせつ・お願いカード 19
7 自分研究所 20
8 作戦を立てよう 21

健康状態の維持・改善

9 太鼓に合わせて動こう 22
10 バランスボールで体幹づくり 23
11 ドーンじゃんけん 24
12 ゴム紐バンブーダンス 25

心理的な安定

情緒の安定

13 ふわふわ言葉・ちくちく言葉 26

14 ぼうずめくり 27
15 空き缶タワーゲーム 28
16 気持ち日記 29
17 教室オセロ 30

状況の理解と変化への対応

18 言いたいことを言おう 31
19 こんなときどうする？要求と相談 32
20 関門突破ゲーム 33

障害による学習上又は生活上の困難を改善・克服する意欲

21 目指せ！スムーズな音読 34
22 おもしろ早口言葉 35
23 キーワードで文章題をイメージ 36

人間関係の形成

他者とのかかわりの基礎

24 友達ビンゴ 37
25 上手に断ろう 38
26 かぶらナイス 39
27 ありがとう，ごめんね 40

28	すごろくトーク 41
29	お願いトランプ 42
30	好きなものな～に？かくれんぼ 43
31	相談してスリーヒントをつくろう 44
32	UFO キャッチャーゲーム 45

他者の意図や感情の理解

33	最後まで聞くぞトレーニング 46
34	「どうして？」「どんな？」雑談を しよう 47
35	どんな気持ち？ 48
36	電池人間 49
37	約束を守って絵本を楽しもう 50

自己の理解と行動の調整

38	ブロック伝達ゲーム 51
39	気持ちの温度計 52
40	どうしてイライラするの？ 53
41	こんなときどうする？「イライラ」 54
42	アンガーマネジメント 55

集団への参加の基礎

43	お楽しみ会をしよう！役割決めと 準備 56
44	フルーツバスケット 57
45	遅れないように行こう 58
46	ふわふわ言葉で風船バレー 59
47	復活ドッジ 60
48	宝探しで言葉づくり 61
49	虹をつくろう 62
50	協力して準備・片付けをしよう 63

環境の把握

感覚や認知の特性についての理解と対応

51	よくよく見よう 64
52	ふくわらい 65
53	フライングゲーム 66

感覚の補助及び代行手段の活用

54	苦手な音や光から逃げよう 67
55	お助けグッズを使おう 68

感覚を総合的に活用した周囲の状況についての把握と状況に応じた行動

56	人文字ゲーム 69
57	船長さんの命令ゲーム 70
58	矢印体操 71

認知や行動の手掛かりとなる概念の形成

59	折り紙 72
60	人間コピー 73
61	なぞなぞ推理 74
62	スリーヒントクイズ 75
63	ピクチャーゲーム 76
64	地図で遊ぼう 77
65	新聞紙遊び 78
66	優先順位！集団生活バージョン 79

身体の動き

姿勢と運動・動作の基本的技能

67	正しい姿勢で座ろう 80
68	バランスクッション 81
69	ヨガ 82
70	ぐにゃぐにゃ平均台 83

71	人間ボウリング 84

日常生活に必要な基本動作

72	ボタン早押し 85
73	数字タッチ 86
74	メモ帳作り 87
75	お箸でつまんでお引越し 88

作業に必要な動作と円滑な遂行

76	サーキット 89
77	お手玉キャッチボール 90
78	棒体操・棒キャッチ 91
79	紙飛行機飛ばし大会 92
80	くもの巣くぐり 93
81	だるまさんがひろったゲーム 94
82	バランスボール体操 95
83	はてなボックス 96
84	忍者修行 97

コミュニケーション

コミュニケーションの基礎的能力

85	「ちょっと失礼」たかおに 98
86	紙コップタワー 99
87	協力ジェスチャーゲーム 100

言語の受容と表出

88	交代会話練習 101
89	絵カード合わせ 102
90	本当に言いたいことは…… 103
91	15のトビラ 104
92	サイコロスピーチ 105
93	話し合おう！ケーキデコレーション 106

94	会話を続けよう 107
95	相談！ムシムシマンション 108

言語の形成と活用

96	いつどこでだれが何をしたゲーム 109
97	お店屋さんごっこ 110
98	言葉集め 111
99	説明しりとり 112
100	感想を伝えよう 113

コミュニケーション手段の選択と活用

101	ジェスチャーゲーム 114
102	説明上手になろう 115
103	どんなお話？ 116
104	マインドマップで作文を書こう 117

状況に応じたコミュニケーション

105	わたしはだれでしょう 118
106	今日は何をしよう？ 119
107	アイデアブレーンストーミング 120
108	いい質問をしよう 121
109	4コマ漫画で状況読み取り 122
110	ナンバーゲーム 123

発達障害のある子への自立活動一覧表 124

第1章

「自立活動」の指導のつくり方

1 「自立活動」のねらいと内容

■ 自立活動の目標について

特別支援学校幼稚部教育要領　小学部・中学部学習指導要領，特別支援学校高等部学習指導要領（以下「特別支援学校学習指導要領等」とする）には，次のように記されている。

> 個々の幼児児童生徒が自立を目指し，障害による学習上又は生活上の困難を主体的に改善・克服するために知識，技能，態度及び習慣を養い，もって心身の調和的発達の基盤を培う。

この目標を理解する上でのポイントは，「障害による学習上又は生活上の困難」を改善・克服することである。障害のある人々を取り巻く社会環境や障害についての考え方の変化があり，障害そのものを改善・克服するのではないことを意味している。

■ 自立活動の指導について

特別支援学校学習指導要領等の総則には，次のように記されている。

> 学校における自立活動の指導は，障害による学習上又は生活上の困難を改善・克服し，自立し社会参加する資質を養うため，自立活動の時間はもとより，学校の教育活動全体を通じて適切に行うものとする。特に，自立活動の時間における指導は，各教科，道徳科，外国語活動，総合的な学習の時間及び特別活動と密接な関連を保ち，個々の児童又は生徒の障害の状態や特性及び心身の発達の段階等を的確に把握して，適切な指導計画の下に行うよう配慮すること。

小学校学習指導要領及び中学校学習指導要領の総則において，発達障害のある幼児児童生徒を対象とする通級による指導による特別の教育課程を編成する場合は，特別支援学校学習指導要領等に示す自立活動の内容を参考とし具体的な目標や内容を定め，指導を行うものとするとされている。しかし，通級による指導そのものが，「障害による学習上又は生活上の困難を改善し，又は克服することを目的とする指導」であり，自立活動の目標そのものであることから，十分に指導内容を参考にすべきことが理解できる。

また，配慮すべき事項として，指導計画を作成する際，個々の障害の状態や特性等を適切に把握すること，各教科等との関連を図ること，自立活動を指導する時間を特設するだけでなく教育活動全体を通じて行うことが明記されている点を注視したい。このことは，個別の指導計

画の作成と内容の取扱いに深く関連している。

▌自立活動の具体的な内容の一覧表について

特別支援学校学習指導要領等では，自立活動の内容として次の表のように６つの区分に分類・整理し，それぞれの区分の下に３～５項目を示してある。

表　特別支援学校小学部・中学部学習指導要領　第７章　自立活動（平成29年４月）

区分	項目
１ 健康の保持	(1)　生活のリズムや生活習慣の形成に関すること。 (2)　病気の状態の理解と生活管理に関すること。 (3)　身体各部の状態の理解と養護に関すること。 (4)　障害の特性の理解と生活環境の調整に関すること。 (5)　健康状態の維持・改善に関すること。
２ 心理的な安定	(1)　情緒の安定に関すること。 (2)　状況の理解と変化への対応に関すること。 (3)　障害による学習上又は生活上の困難を改善・克服する意欲に関すること。
３ 人間関係の形成	(1)　他者とのかかわりの基礎に関すること。 (2)　他者の意図や感情の理解に関すること。 (3)　自己の理解と行動の調整に関すること。 (4)　集団への参加の基礎に関すること。
４ 環境の把握	(1)　保有する感覚の活用に関すること。 (2)　感覚や認知の特性についての理解と対応に関すること。 (3)　感覚の補助及び代行手段の活用に関すること。 (4)　感覚を総合的に活用した周囲の状況についての把握と状況に応じた行動に関すること。 (5)　認知や行動の手掛かりとなる概念の形成に関すること。
５ 身体の動き	(1)　姿勢と運動・動作の基本的技能に関すること。 (2)　姿勢保持と運動・動作の補助的手段の活用に関すること。 (3)　日常生活に必要な基本動作に関すること。 (4)　身体の移動能力に関すること。 (5)　作業に必要な動作と円滑な遂行に関すること。
６ コミュニケーション	(1)　コミュニケーションの基礎的能力に関すること。 (2)　言語の受容と表出に関すること。 (3)　言語の形成と活用に関すること。 (4)　コミュニケーション手段の選択と活用に関すること。 (5)　状況に応じたコミュニケーションに関すること。

▌自立活動の内容の取扱いについて

特別支援学校学習指導要領等の解説には，次のように記されている。

> 各教科等のようにその全てを取り扱うものではなく，個々の幼児児童生徒の実態に応じて必要な項目を選定して取り扱うものである。

このことは，個々の障害の状態や特性等により設定した個別の指導目標や内容を踏まえ，自立活動の６区分27項目から適切に指導すべき要素を選定することを意味している。

2 発達障害のある幼児児童生徒に関わる「自立活動」の内容

▋発達障害のある幼児児童生徒の自立活動の内容一覧表

　小中学校，高等学校の通常の学級に，発達障害のある児童生徒が増加している現状からも，個々に応じたきめ細かな自立活動の指導の充実が求められている。このような現状から，自立活動の内容には，発達障害の特性に応じた要素が盛り込まれている。

　しかしながら，6区分の27項目すべてに発達障害に関わる要素があるわけでない。特別支援学校学習指導要領等の解説「自立活動編」（平成30年3月）で取り上げられた発達障害（自閉症，ADHD，LD等）の特性が例示として記されたのは先の表に色をつけた6区分22項目である。

　本書ではそれを整理し，巻末に「発達障害のある子への自立活動一覧表」を掲載した。これは，自閉症やADHD，LDなどの発達障害の特性が記された区分の下位にある項目ごとに，「主に発達障害に関するねらい」を定めた上で，「主な目標例」となるであろう視点を簡潔に記した。さらに，それぞれの項目ごとに「主な指導内容・方法，配慮事項」をまとめた。資料として，「特別支援学校教育要領・学習指導要領解説 自立活動編」の具体的な事例（発達障害の特性）」も抜粋して追記してある。

▋発達障害のある児童への自立活動の指導の実際について

　この巻末資料を基に，小学校の通級指導教室において実際に指導した事例を本書では110例紹介している。事例には，主となる自立活動の目標に係る区分と項目を記しているが，実際の指導場面では，必要とする他の区分や項目を選定しそれらを相互に関連付けて設定することに十分留意することが大切である。

3 「自立活動」における 個別の指導計画の作成

▌実態把握から具体的な指導内容の設定まで

「自立活動」における個別の指導計画を作成し，それに基づいて適切に指導を展開していくことが肝要である。改訂された自立活動編には，実態把握から「自立活動」の具体的な指導内容を設定するプロセスが次のように簡潔にまとまっている（詳細は次頁「流れ図」を参照）。

> 1　児童生徒の実態把握…6区分27項目に即して整理
> ①障害の状態，発達や経験の選択，興味・関心，学習や生活の中で見られる長所やよさ，課題等についての情報収集
> ②収集した情報の整理
> 2　指導すべき課題の整理
> ③整理した情報から課題の抽出
> ④中心的な課題を導き出す
> 3　個別の指導目標の設定…6区分27項目で重点となる項目の選定
> 4　具体的な指導内容の設定

解説には，実態把握から具体的な指導内容を設定するまでの13事例が示されている。発達障害に関わっては，学習障害，注意欠陥多動性障害，高機能自閉症の3事例が記されているが，ADHD の小学3年生の事例と高機能自閉症の小学5年生の事例は大いに参考にしたい。

▌個別の指導計画の作成の手順例

個別の指導計画の作成の手順や様式は，自立活動の指導の効果が最もあがるよう，それぞれの学校が，児童生徒の障害の状態，発達や経験の程度，興味・関心などの実態を的確に把握して定める。作成手順が小・中学校学習指導要領解説「総則編」に，次のように例示されている。

> a　個々の児童の実態を的確に把握する。
> b　実態把握に基づいて得られた指導すべき課題や課題相互の関連を整理する。
> c　個々の実態に即した指導目標を設定する。
> d　特別支援学校小学部・中学部学習指導要領第7章第2の内容から，個々の児童の指導目標を達成させるために必要な項目を選定する。
> e　選定した項目を相互に関連付けて具体的な指導内容を設定する。

学部・学年	
障害の種類・程度や状態等	
事例の概要	

実態把握

① 障害の状態, 発達や経験の程度, 興味・関心, 学習や生活の中で見られる長所やよさ, 課題等について情報収集

②-1 収集した情報（①）を自立活動の区分に即して整理する段階

健康の保持	心理的な安定	人間関係の形成	環境の把握	身体の動き	コミュニケーション

②-2 収集した情報（①）を学習上又は生活上の困難や, これまでの学習状況の視点から整理する段階

※ 各項目の末尾に（ ）を付けて②-1における自立活動の区分を示している（以下, 図15まで同じ。）。

②-3 収集した情報（①）を○○年後の姿の観点から整理する段階

※ 各項目の末尾に（ ）を付けて②-1における自立活動の区分を示している（以下, 図15まで同じ。）。

指導すべき課題の整理

③ ①をもとに②-1, ②-2, ②-3で整理した情報から課題を抽出する段階

④ ③で整理した課題同士がどのように関連しているかを整理し, 中心的な課題を導き出す段階

⑤ ④に基づき設定した指導目標（ねらい）を記す段階

課題同士の関係を整理する中で今指導すべき指導目標として	

⑥ ⑤を達成するために必要な項目を選定する段階

指導目標（ねらい）を達成するために必要な項目の選定	健康の保持	心理的な安定	人間関係の形成	環境の把握	身体の動き	コミュニケーション

項目間の関連付け

⑦ 項目と項目を関連付ける際のポイント

⑧ 具体的な指導内容を設定する段階

選定した項目を関連付けて具体的な指導内容を設定	ア	イ	ウ	…

図2 実態把握から具体的な指導内容を設定するまでの流れの例（流れ図）

（『特別支援学校学習指導要領解説 自立活動編』より）

第2章

「自立活動」の指導実践 110

1 健康の保持
(1)生活のリズムや生活習慣の形成

触る・聞く・見る

準備 触（温水・冷水，ビーズクッション・たわし等），聞（楽器類），見（色カード，明るさの強弱がつくもの等），体温計，けがの様子の写真 等

時間 15分 　　　　**形態** 個別・小集団

■ねらい

　様々な感覚機能を使い，少しずつ感覚の過敏さを緩和することでこだわりなどの改善を図る。また，自己の体調の変調にも気付けるようにする。

■指導の流れ

①めあて「どんなかんじがするかたしかめよう」を板書して，確認をする。

②実物を提示し，どのような感覚かを想像する。

　例 たわし「触ったら痛そう」，氷「冷たい」，リコーダー「強く吹くとうるさい」

③実際に試す。（触る，聞く，見る，光を感じる等）

④感想を発表する。

　例 「思っていたより痛かった」「嫌な臭いだった」「触ったら気持ちよかった」

　特に不快に感じたことについて具体的に理由を言えるよう働きかける。光などについて「痛い」という表現をする子供もいる。そのような場合は学級での座席配置にも役立てる。

⑤病気やけがをした場面の絵カードを提示する。

⑥自分たちのこれまでの経験から，病気やけがの状態について思い出す。

　例 「高熱がでて頭が痛かった」「転んでひざから血が出た」「痛くない」

⑦病気やけがの程度について考える。

　特に痛みに対して鈍麻な子供の場合，周囲も気付きにくく大きな病気やけがにつながっていたというケースもある。自分の感覚だけに頼らず，状況によっては周囲の大人に伝えていくことの必要性を説明する。

■指導のポイント

◇小集団の方が，友達の様子を見て自分もやってみようとする行動を期待できる場合がある。

◇はじめは快の感覚をたくさん味わわせ，不快なものは少しだけでも体験できたらよい。

◇どのような痛さを不快と感じるかを教師は把握しておくとよい。また，心地よいと思う感覚も同時に把握しておくと落ち着かなくなったときの対処法として取り入れられる。「4 環境の把握（2）感覚や認知の特性についての理解と対応」と関連付けて指導する。

◇授業以外の実生活場面でも意図的に取り入れていくようにする。以前と比較して自身の感覚の過敏さや鈍麻さに気付き調整することができるようになったらその場で認めていく。

◇嗅覚については，給食の臭いが苦手（多種の料理が多量のため）な児童も多いので学校と家庭での食事の様子の違いを把握しておくことも大切である。

1 健康の保持
(1)生活のリズムや生活習慣の形成

2 身だしなみチェック

準備 絵カード（髪型，身なり），鏡，ハンカチ，「身だしなみチェックリスト」等

時間 20分　　　　　　　　　　　　**形態** 小集団

ねらい

清潔さへの理解と高学年として好印象を与える身だしなみについて理解する。

指導の流れ

①移動教室や中学進学を目前にして，自分たちの身辺処理に関して問いかける。

　例「毎日着る服は誰が選んでいますか」「髪の毛は自分で結べますか」

②身だしなみの整っている子とそうでない子が描かれた絵カードを見比べて清潔さや身だしなみについて気が付いたことを考え，発表する。

　例「寝癖がひどい」「だらしなく見える」「みんなから好かれそう」

③めあて「身だしなみをととのえよう」を板書して，確認をする。

④なぜ身だしなみが大切かを考える（一人で考える→意見交換する）。

　例「将来会社で働けなそう」「友達から嫌われそう」「飲食店でのバイトを断られそう」

⑤身だしなみチェックリストを用いて自己点検してみる。

⑥自分にとって必要だと感じたものや，今日から取り組めそうなものを一つずつ発表する。

　例「爪を定期的に自分で切る」「ハンカチを忘れないようにする」「鏡を見て髪型をチェックする」

指導のポイント

◇個別で行うと他者と比較せず，自己の考えを貫き通しがちなので最初は集団で行うとよい。

◇なぜ清潔さや身なりに気を付けることが必要なのかをしっかり理解させたい。それができなければ自己改善につながりにくい。

◇指導場面以外の校内の生活場面でも評価していく。

身だしなみチェックリスト

1	朝，洗顔しましたか	○	×
2	朝，歯みがきしましたか	○	×
3	つめは短いですか	○	×
4	かみの毛ははねていませんか	○	×
5	くつやうわばきのかかとを，ふんでいませんか	○	×
6	着る服を自分で選んでいますか	○	×

〈参考文献〉宮田　愛著『教師のための対人関係トレーニングサポート集　TTST』ジアース教育新社

1 健康の保持
(1)生活のリズムや生活習慣の形成

3 学習の準備・片付け，整理しよう

準備 手順を示したカード，整理整頓された写真カード 等
時間 5〜10分
形態 個別・小集団

■ねらい
学習の準備や片付けを通して，すすんで整理整頓できる力を付ける。

■指導の流れ
【個別】①手順カードを見ながら学習準備をする。
　　　②終わったら担当教師に報告する。
例 「先生，準備が終わりました。始まるまで自由時間でいいですか」
　→素早く終えることで自分のための時間ができるというメリットに気付かせる。
　　　③学習に使った教材プリントにパンチで穴をあけて，ファイルに綴じて片付ける。
　　　　紙を揃えることが難しい場合は1枚ずつ行う。教師が手伝って紙を揃える練習も段
　　　　階的に指導する。→「5 身体の動き」と相互に関連付ける。

【集団】①使用する教材や教具を全員の子供に持ってくるように指示する。
例 「準備するものは黒板に書きます」「〇さんと△さんは，二人で持ってきてください」
　　　②すべてを終えたら教師に報告し，着席またはその場で待機する。
　　　③片付けの指示を出す。持ち出した元の場所に貼ってある「整理整頓された写真」を
　　　　見て同じように片付ける。
　　　④すべて終えたら教師に報告する。

■指導のポイント
◇報告することで，活動や行動に"終わり"があることの理解を促す。
◇集団授業の準備・片付けは，最初は一人でできることに限定する。段階的に，協力しながら
準備・片付けを行う指導を取り入れるとよい。→「3 人間関係の形成」「6 コミュニケーショ
ン」と相互に関連付ける。

```
1. れんらくちょうを，はこに入れる。
2. えんぴつチェック
   けずりわすれていたら，けずる。
3. プリントをつくえの上におく。
4. バッグをロッカーに入れる。
5. 先生に「おわりました」とほうこくする。
```

手順カード

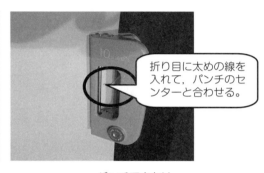

折り目に太めの線を入れて，パンチのセンターと合わせる。

パンチで穴あけ

1 健康の保持
(1)生活リズムや生活習慣の形成

4 どこに何を置けばよいのかな？

準備 お道具箱，デジタルカメラ，ラミネートファイル，ビニールファイル，タイマー
時間 30分　　　　　　　　　　　　　　**形態** 個別

■ねらい
自分の持ち物の把握や物の管理，整理整頓が自分でできるようになるためのやり方や方法を知り，身に付ける。

■指導の流れ
①めあて「整理の仕方を知ろう。覚えよう」を板書して，確認をする。
②捜し物ゲーム(1)をする。
・教師がお道具箱の中から捜す物のお題を出し，子供が捜す（整理整頓前のタイムを計る）。
③お道具箱の整理の仕方を指導する。
・子供がお道具箱を整理しながら使いやすい各文具の置き場所を決める（写真を撮る）。
・撮った写真をラミネートして，お道具箱の底に敷く。
④教科ごとの整理の仕方を指導する。
・ファスナー付きのファイルケースの中に入れる物を視覚化する（教科書，ノート，ドリル等）。
・教科ごとにファイルケースを用意する（できれば色別）。
⑤捜し物ゲーム(2)をする（(1)と同様に）。
⑥整理整頓の必要性をまとめる。

■指導のポイント
◇整理前と後で捜し物ゲームのタイムを計り，整理整頓の必要性を実感させると効果的である。
◇お道具箱を整理する際，使用頻度が高い文具を一番取りやすい場所に配置するよう事前に確認し，子供に自分で考えさせながら文具の配置を決めさせる。

教科書・ノート，お道具箱の整理

1 健康の保持
(1)生活のリズムや生活習慣の形成

5 見た目は何割？第一印象

準備 イラストカード
時間 30分
形態 小集団

■ねらい
・第一印象（見た目：5～7割）で人は判断されてしまうことを知る。

■指導の流れ
①本時の活動内容を伝える。
　・これから見せるイラストの中で，この先生が自分の担任だったらよいと思った先生を一人決め，番号を控えるよう伝える。
　・1枚5秒間ずつイラストを見せる（合計8枚）。
②8枚のイラストを黒板に貼り，各自が選んだイラストの番号を聞く。また，その理由をイラストの下に板書する。
③選ばなかったイラストの理由を一人一人に聞き，イラストの下にその理由を板書する。
④初めて会った人から最初に受ける印象が"第一印象"であることをおさえる。
⑤自分が第一印象でどんな人を選んでいるか，どんな人を選んでいないかを板書を見ながら確認する。その後で初対面の人に自分も判断されていることをおさえる。
⑥本時のめあてを提示し，確認する。
　めあて：①第一印象（意味）を知ろう。　②人は第一印象で判断されることを知ろう。

■指導のポイント
◇子供の興味関心を喚起するため，提示するイラストは5秒間見せ，一度しまう。
◇めあての提示はあえて最後に行い，知らない間に自分も第一印象で他者を判断していること，また，逆に判断されていることに気付かせる。

どんな服装の先生がよいか？

1 健康の保持
(4)障害の特性の理解と生活環境の調整

6 自分とりせつ・お願いカード

準備 自作アンケート用紙，○×ブザー，画用紙，色鉛筆 等

時間 20分　　　　　　　　　　　　　**形態** 個別

■ねらい

他者に自分の得意なことや苦手なこと，手伝ってほしいことを伝えることができる。

■指導の流れ

①めあて「得意なことや苦手なことを人に伝えよう」を板書して，確認をする。

②授業や習い事，遊びの中で得意なことや苦手なものを考える。

　例 「将棋は得意」「漢字は苦手」「音楽の歌は好きだけど楽器の音は苦手」

③学校や習い事の場で苦手な場面に出会ったらどうしていけばよいのかを選択する。

　例 「クイズです。やりたくない場合，どうするのがよいでしょう？　①逃げる②物を壊す③先
　　　生に相談する」→低学年などは極端な解答例を挙げると楽しみながら応じることが多い。

④自分がどうしても苦手なこと，手伝ってもらうことでできそうなことをアンケートを通して
　知る。教師が給食アンケートなどを読み上げ，子供は○×ブザーで○か×を答える。

⑤④の結果に基づき，「自分とりせつ」（取扱説明書）を作る。

　持ち歩きしやすいように，リングで留めるようなカードタイプにするとよい。

⑥完成したカードを使って練習する。

　カードを使う場面や使い方，「お願いカード」も作成し，相談の仕方を教師と練習する。

■指導のポイント

◇苦手なことについての話や理由などを素直に話せない子供には，アンケートを教師から一問
　一答形式で行い，子供は○×ブザーなどで答えると気持ちが楽になる。

◇「気分がのらない」という気持ちと，不得意・苦手を区別させることは大切である。

◇「お願いカード」を作成する学習は，相手に許可をもらいやすくするため，きれいに作るこ
　とがポイントである。

◇保護者や在籍する学級担任と相談して「お願いカード」を出しやすい環境をつくる。

アンケート

・給食は好き？　○　⊗

　→食べられるものがない　◎　×

　→においが嫌だ　◎　×

給食アンケート

＿＿＿＿＿先生へ

　ぼくは，きゅうしょくでどうしても，

たべられないものがおおいです。

だから，＿＿＿＿＿を

へらしてもいいですか。

担任の先生への「お願いカード」

1 健康の保持

2 心理的な安定

3 人間関係の形成

4 環境の把握

5 身体の動き

6 コミュニケーション

(4)障害の特性の理解と生活環境の調整

19

1 健康の保持
(4)障害の特性の理解と生活環境の調整

7 自分研究所

準備 アンケート用紙，分析シート
時間 35分
形態 小集団

■ねらい
自分の困っていることを分析し，自分のよいところやできることに置き換えて対処の方法を考えられる力を付ける。

■指導の流れ
①めあて「自分のキャラクターにしてみよう」を板書して，確認をする。
②自分を一言で表すとどんな人かを考える。
　話しやすい雰囲気づくりをするため，教師が「自分で思う自分」と，「周囲から思われる自分」の姿などの例を，具体的に話す。
③自分のタイプを分析する。
　アンケートで該当するものに丸をつけて集計する。自分のタイプを発表し合う。
　記入が難しい子供には，教師が実際にあったエピソードなどを伝え，思い出しやすくする。
④③の結果に基づき，困っていることを分析して対応策を考える。
　友達とペアになり助言をもらうのもよい。
⑤分析シートを作成する。
　例　自分で考えた苦手キャラクターを表現し，苦手なことに打ち勝つ方法も書き込む。

■指導のポイント
◇指摘や注意されることが多い子供は自己肯定感が低くなっている場合が多い。否定的な言葉ではなく，裏を返すと「○○○」とプラス面に言い換えられるように指導するとよい。
◇他の友達にもそれぞれ悩みがあることを共有できるとよい。

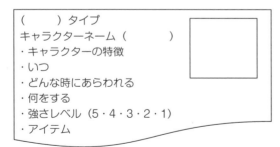

分析シート

言い換えると……
・イライラタイプ
→いつも真剣、一生懸命に取り組む
・そわそわタイプ
→細かいことにもよく気がつくかしら

〈参考文献〉上野一彦監修　岡田　智・中村敏秀・森村美和子・岡田克己・山下公司著『特別支援教育をサポートするソーシャルスキルトレーニング（SST）実践教材集』ナツメ社

1 健康の保持
(4)障害の特性の理解と生活環境の調整

8 作戦を立てよう

準備 ワークシート
時間 20分
形態 個別

■ねらい
自分の特性を理解した上で，困難な状況にどのように対応していくかを考えることができる。

■指導の流れ
①子供が在籍する学級で困った生活場面を具体的に想起させ，聞き取り，ワークシートに記入する。

②困ったことの要因が本人の特性に起因していることを確認し，共感する。

例 「運動会の練習のときは，周りに人が多くいるからざわざわしていて落ち着かなくなるね。動きたくなくても，別のところに行きたくなるよね。わかるよ」

③本人の行動が周りの不利益になっていることを確認する。

例 「でも，わざとじゃないのに，みんなの邪魔をしているみたいに思われるのは嫌だよね」

④具体的な解決方法を提示，もしくは一緒に考える。

例 「嫌な感じになりそうなときは，先生に合図を出して，トイレに行くふりをしてリフレッシュするのはどうかな」（手立ては子供と一緒に，複数考えるとよい。）

⑤本人の意思や気持ちを確認する。

例 「できそうかな？　別の方法がいい？」※本人の返事によっては手立ての選択を変える。

⑥在籍する学級で解決方法を実践する。※学級担任に実践できていたかどうかを確認する。

⑦実践した成果と課題を，通級による指導でフィードバックする。

⑧できたことを認め，次回に向けて改善点を話し合う。

■指導のポイント
◇指導対象の学年は，自己コントロールと客観性が伸びてきた小学校高学年からがよい。

◇困難な場面を解決する手立ては，複数提示する。その際，子供の気持ちに添って決めることで，「やらされた」のではなく「自分で考えて対処した」という気持ちで乗り越えさせたい。ただし，手立ては事前に学級担任と確認し，在籍学級で可能なものにする。

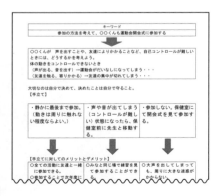

ワークシート例

〈参考文献〉武田鉄郎編著『発達障害の子どもの「できる」を増やす提案・交渉型アプローチ』学研プラス

1 健康の保持
(5)健康状態の維持・改善

9 太鼓に合わせて動こう

準備 体操用太鼓，カラーコーン
時間 10分
形態 小集団

■ねらい
運動することへの意欲を高めながら適度な運動をする習慣を養う。

■指導の流れ
①準備運動を行う。
　日直の子供が前に出て行う。特に手首，足首を回す。アキレス腱を伸ばす。
②めあて「太鼓の音に合わせて動こう」やルールの確認をする。
　原則動き続けることとし，辛くなったら歩いてよい。太鼓の音と指示で素早く動きを変える。
　コーンの外側を通る。人を押さない。等
③スタート：太鼓のリズムに合わせる（5分間）。
　例　止まる→ドドン，動く→ドンドンドン，ドドドドドドドドド，ドーンドーン
　　　歩く（速く，ゆっくり，前向き，後ろ向き），ダッシュとストップ，スキップ，サイドステップ（左，右方向），ジャンプ
④クールダウン(1)：呼吸を整えながらゆっくり歩く（1分間）。
⑤クールダウン(2)：仰向けになり目をつぶって静かに休む（1分間）。
　おしゃべりをせず，体を動かさずに呼吸に意識を向ける。

■指導のポイント
◇止まる，動く間隔は一定にしない方がよい。太鼓の音への意識が高まり，ゲーム性を楽しめる。
◇慣れないうちは，5分間継続して動くペースを掴めずに後半は歩くだけ，あるいは最後まで継続することが難しい子供もいる。最後まで歩き続けるよう励ましたり，後半に鬼ごっこのような遊びの動きを取り入れたりすると意欲が高まり効果的である。

10 バランスボールで体幹づくり

1 健康の保持
(5)健康状態の維持・改善

準備	バランスボール，マット

時間	10分	形態	個別

■ねらい

バランスボールを用いて体幹を鍛えるとともに，いろいろな姿勢に慣れる。

■指導の流れ

①準備を行う。

自分の身長に合うバランスボール（ボールの上に座って足の裏が床につくものがよい）とマット2枚を運んでくる。教師は大きいバランスボールを準備する。

②首，手首，足首を中心に準備運動を行う。

③ウォーミングアップを行う。

例 足を床につけながら50回×2セットジャンプ。終わったら静止する。
足が離れやすく姿勢の維持が難しい場合は教師が正面で手を握って姿勢保持を補助する。

④教師と正面に向かい合い，教師と同じ動きをする。

例 両手を広げて肩や頭上に上げる。手を広げたまま左右に体をひねる，言われた体の部位を触る。このときは跳ねずに行うようにする。

⑤腕立て支持姿勢を行う。

例 腰に負担がかからないように足首，膝，太もものいずれかをボールに乗せる。10〜30秒の静止姿勢の保持，または腕立て伏せを行う（子供の実態に合わせて行う）。

⑥ボールの上に四点支持で座る。

例 正座の姿勢（両手，両膝がボールに乗った状態）でバランスをとる。子供の実態に合わせて時間を設定する。難しい場合は教師が補助する。

⑦リラックスタイムを行う。

例 大きなサイズのバランスボールがあれば，うつぶせ（仰向け）の状態でボールに乗り，教師がボールをゆっくり前後に揺らす。

■指導のポイント

◇安全上マットを敷いて運動を行った方がよい。

◇慣れないうちは姿勢を変えたり，動きを入れることで，緊張や不安が強まってしまう子供もいるので，心地よい感覚を十分に味わってから姿勢を変えたり，動きを取り入れていくようにするとよい。

〈参考文献〉池田延行・長谷川聖修著『乗って，弾んで，転がって！　ちゃれんGボール』明治図書

11 ドーンじゃんけん

準備 平均台（低），お手玉，ケンステップ

時間 15分　　　　　**形態** 集団

■ねらい
運動することへの意欲を高めながら適度な運動量を維持し，バランス感覚を養う。

■指導の流れ
①全員で準備を行う。
　黒板に描いた（貼った写真）配置と同じように平均台を置く。
②準備運動を行う。
　日直の子供が前に出て行う。特に手首，足首を回す。アキレス腱を伸ばす。
③めあて「楽しくドーンじゃんけんをしよう」やルールの確認をする。
　じゃんけんに負けたら自分のチームに向かって大きな声で「負けた！」と言い，ケンステップに座っている次の人が出発する。
　相手陣地の椅子の上に置いたお手玉を取ったら勝ち。平均台上は歩くこと。走ったらやり直しする。
　応援ポイントやちくちく言葉による減点もあることを事前に提示する。
④チーム分け，ゲーム開始の合図，審判は教師が行う。
　一回戦終了ごとに作戦タイムを設ける。

■指導のポイント
◇準備・片付けは子供が行う。重い平均台を持つこと，力を調整しながらゆっくり上げ下げをすることで筋力や全身を使った動きを高めることにつながる。回数を重ねてくると肘を自然に曲げて持つ，膝を使って上げ下げができるようになってくる。

◇「負けた」と発声する際には，誰に伝えなければならないか声がけをする。自分が伝えたいチームの友達を意識させるために振り向いて発するよう指導する。「3 人間関係の形成 (4)集団への参加の基礎」と合わせて指導をするとよい。

板書例

1 健康の保持
(5)健康状態の維持・改善

12 ゴム紐バンブーダンス

準備 幅1.5cm×長さ2.5m 程度のゴム紐2本，3拍子の曲，CD
時間 10分　　　　　　　　　　**形態** 個別・小集団

■ねらい

決められたリズムをキープして一定時間跳ぶことができる。また，音楽に合わせて楽しんで運動することができる。

■指導の流れ

①リズムに合わせた跳び方の手本を示す。
　「パー，グー，グー」「パー，グー，グー」のかけ声をかけてリズムを取る。
　・最初の段階ではゴムの間に両足を揃えて立った状態から「パー，グー，グー」を始める。
②リズムよくゴム紐に引っかからないよう跳ぶ練習をする。
　・リズムに慣れたらレベルアップ。ゴム紐を「閉じて，開いて，開いて」のリズムで動かしているところに，タイミングを見計らって外から入ったり，終わったら外に出たりする。
③歌に合わせて跳ぶ練習をする。
　・歌は，『いるかはザンブラコ』（東龍男作詞，若松正司作曲）など3拍子の曲がよい。

■指導のポイント

◇うまく跳べなくても痛くないように，バンブー（竹）ではなくゴム紐を使う。
◇歌に合わせるのは，リズムに合わせて楽しむこと，終わりの見通しをもたせて最後までやり通すことを目的としている。そのため，子供に上手に歌うことを求めない。周りの教師がリードして歌う。
◇複数の友達と一緒に跳ぶことで，お互いに励まし合ったりみんなのために努力したりする目的が加わり，「3 人間関係の形成　(4)集団への参加の基礎」と関連付けて指導することができる。

一人跳び

友達と息を合わせて

2 心理的な安定
(1)情緒の安定

13 ふわふわ言葉・ちくちく言葉

準備 画用紙（2枚），ペン
時間 20分
形態 集団（主に低学年を対象）

■ねらい
感情を伝える手段や言葉のレパートリーを増やすことで，感情を上手にコントロールする。

■指導の流れ
①言葉によって色んな気分になることを知る。
　例 「ありがとう」「一緒にやろう」「がんばれ」→「うれしい」「元気になる」
　　　「きらい」「ムカつく」→「悲しい」「落ち込む」
②めあて「気持ちを伝える言葉を集めよう」と学習内容を確認する。
③「ふわふわ言葉」と「ちくちく言葉」を考えて，書く。
　うれしい，やる気になるような言葉を「ふわふわ言葉」，悲しくなる，暗い気持ちになる言葉を「ちくちく言葉」として，言葉を挙げて画用紙に分類して書く。
　例 やったー，かっこいい，元気出して，ありがとう，ごめんね，ドンマイ，ナイス
　　　バカ，デブ，キモイ，うるさい，ムカつく，一緒に遊ばない，知らない，どっか行け
④ロールプレイを通して，言い方や態度によって伝わり方が変化することを知る。
　言葉以上に言い方や態度が大切なことであると気付くよう指導する。
　例 「ごめんね」について，本当に悪かったと思う言い方と，適当な態度で相手を不快にさせるような言い方の2パターンを示し，子供から感想を聞く。
⑤まとめを行う。
　例 「もしイライラしてとっさにちくちく言葉を言ってしまったらどうすればいい？」
　　　→「できればその場ですぐに謝った方がよい。すぐに言えなくても後で謝った方がよい」
　　　「謝られた人はどうするべき？」
　　　→「できるだけその場で許すとよい」

■指導のポイント
◇ロールプレイでは最初は教師と行い，慣れてきたら子供同士で行う。
◇この授業後に，作成した「ふわふわ言葉」等の一覧表を常に活用していくとよい。

画用紙での分類

2 心理的な安定
(1)情緒の安定

14 ぼうずめくり

準備 百人一首，ふわふわ言葉・ちくちく言葉一覧表，こんなときどうするカード
時間 20分　　　　　　　　　　　　　　　**形態** 集団

■ねらい
勝ち負けの経験をしながら，負けることや失敗することへ耐性を身に付ける。

■指導の流れ
①めあて「ぼうずをめくってもイライラしない，負けそうになっても最後まで参加しよう」を確認する。

②「ぼうずめくり」のやり方の説明とみんなで楽しく遊ぶためのマナーとルールを指導する。
　・「ふわふわ言葉・ちくちく言葉一覧表」を掲示する。
　　例 もし勝てなかったらどんな気分？「残念」「ムカつく」→「またやって勝てばいい」「まぁ，いいか」
　・「こんなときどうするカード」を提示する。
　　例 「（心の中）ぼうず，ぼうず」「（誰かがぼうずを引いたら，心の中では）やったー！自分以外の人がぼうずを引いたらいいなぁ」という本音があってよい。

③「ぼうずめくり」をする。
　思わず「ちくちく言葉」が声に出た子供が，自分で気付き謝れていたら褒める。慣れてきたら，ぼうずをめくった子供に対して実際の場面でよく起こる状態へと負荷をかけていくため教師が意図的に上記で学習した心の中で喜んでいる声を発したり，拍手をしたりするとよい。

④振り返りをする。
　勝つと気分もよく楽しいけれど，負けてしまうこともあることを受け入れ，それも含めて楽しく遊べるようにする。

■指導のポイント
◇実際の生活場面での遊びの中では，失敗したり負けたりした相手に対して，「やったー」「ざまーみろ」といった発言や，拍手などが起こってしまうことは多い。今回の学習を繰り返すことでそのようなやりとりにも耐性がつき，総合的に楽しんで遊べる子供を目指したい。

2 心理的な安定
(1)情緒の安定

15 空き缶タワーゲーム

準備 空き缶（様々なタイプの種類と大きさのもの），ふわふわ言葉・ちくちく言葉一覧表，ケンステップ，タイマー
時間 20分　　**形態** 集団

■ねらい
注意・集中する力，失敗を受け入れる力，気持ちを切り替える力を身に付ける。

■指導の流れ
①準備を行い，「空き缶タワーゲーム」の説明を聞く。
　初回は教師を含めた全員で目標数の空き缶を制限時間内に積み上げられたら成功とする。
　一人ずつ順番に1個ずつ缶を積み上げていく。他の人が手で押さえて補助しながら積み上げてはいけない。（次回以降は子供のみ，チーム対抗戦，個人戦へと段階的に指導を変えていく。）
　→マナーの確認としてふわふわ言葉・ちくちく言葉一覧を掲示して確認する。
②作戦タイムをとる。
　例 「じゃんけんで順番を決めようか？」「缶の大きさは同じ方がいいかな」
③ゲームを開始する（制限時間2分）。
　見ている人はアドバイスしてもよい。
　例 「缶の向きは逆がいいよ」「ちょっと傾いてきているよ」「椅子を使った方がいいよ」
④振り返りを行う。
　成功，失敗それぞれについて振り返りを行い，2回戦を行う。
　例 「先生は背が高いから順番は最後の方がいいよ」「缶の上下も同じ向きにした方がいいね」

■指導のポイント
◇不器用さのある子供はそっと缶を載せることが難しいがあるので，教師が補助して，ゆっくり置く動作を体得させるようにする。
◇自分の失敗を受け入れることはとても難しいので，個人戦は最終日に行うようにする。失敗への耐性もつき，コツもつかめてくるので，自信がついた頃に行うとよい。
◇「3 人間関係の形成　(3)自己の理解と行動の調整・(4)集団への参加の基礎」「5 身体の動き　(5)作業に必要な動作と円滑な遂行」と関連させてもよい。

タワーゲームの様子

2 心理的な安定
(1)情緒の安定

16 気持ち日記

準備 表情カード，小さいコップ，気持ち日記のワークシート
時間 30分
形態 個別

ねらい
怒りの感情のメカニズムを知り，コントロールの方法を考え実行できる。

指導の流れ
本時のめあて「怒りをコントロールしよう」を確認し，活動を行う。

①怒りとは何か（感情について）
　表情カードを使って感情の分類をする。怒りの感情とは，二次的な感情であることを知る。自分の生活において，怒りが起こる場面について考える。

②問題となる４つの怒り
　問題となる４つの怒り（頻度が高い怒り，持続する怒り，強度が高い怒り，攻撃性がある怒り）について知り，ワークシートにまとめる。

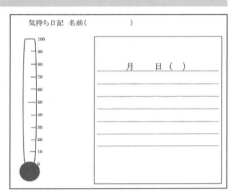

③怒りの性質を知ろう
　３種類の大きさの入れ物，小さいコップを使い，出来事に対してどれぐらい怒りを感じるかを表してみる。小さいコップを一単位にして水を入れて溢れる様子を見えるようにする。怒りの量を怒りの温度計（感情の度合いと，他者との感じ方の違い）に記入する。

④怒りのコントロールの方法を考えよう，やってみよう
　バランスボール（安全なもの）をたたく，大声を出す，走る，新聞を破るなどして，怒りを発散できそうな方法を教員と一緒に考える。

⑤日々の生活の中での実践とその振り返り
　「気持ち日記」のワークシートを使い，自分の行動の振り返りを行う。

指導のポイント
◇視覚化できる教材を使うことで，目に見えない感情を捉えることができる。
◇学校内で怒りを感じたときの対処方法については，事前に在籍する学級担任と相談をして対応可能なものにする。複数選択肢を示すことで選べるようにする。
◇発展として「怒りのメカニズム」を学ぶことで，怒ること自体を減らしていく方法を考える。

〈参考文献〉日本アンガーマネジメント協会監修　篠　真希・長縄史子著『イラスト版子どものアンガーマネジメント』　合同出版

2 心理的な安定
(1)情緒の安定

17 教室オセロ

準備 直径20cmのオセロの石40枚（厚紙を用い，表と裏がそれぞれ黒色と白色になるように作成）
時間 15分
形態 小集団

■ねらい
負ける経験を通して，負けを受け入れ気持ちを切り替えることができる。

■指導の流れ
①ルールの確認をする。
　・黒チームは白の石をひっくり返し，白チームは黒の石をひっくり返す。合計枚数で競う。
　・オセロといっても，同じ色の石で挟む必要はない。
②チーム決めをして，1回30秒程度でゲームをする。
③振り返りを行い，改めて作戦を立てる。
　例　エリアを決めて分担し，自分の割り当てられたエリアを集中的にひっくり返す。
　　　相手チームの一人一人を1対1になるようマークし，後ろに付いてひっくり返す。
④再度挑戦し，振り返りを行う。
※子供の様子によって，チームを変えたり作戦を変更したりしてゲームを続ける。

■指導のポイント
◇あえて負けを経験させるために，大人対子供でゲームを行ってもよい。その場合，作戦として大人と子供の力が公平になるようなハンデを考えさせるのもよい。
◇何色をひっくり返すのか混乱してしまう場合は，黒白チームのメンバーを確認しておく。
◇活動前に自分は負けたらどうなるかを考え，活動後に振り返ることで自己理解につなげる。
◇負けて「悔しがること」と「怒りをぶつけること」は異なることを指導する。
◇怒ったときのクールダウンの方法（深呼吸，水を飲む，一旦その場を離れる，見学する等）を事前に学習し，その方法を実践させることもできる。
◇負けても楽しんでいる子供を褒めたり共感したりすることで，望ましい姿を理解させる。
◇めあてを「話し合って作戦を立てること」にすると，「6 コミュニケーション (5)状況に応じたコミュニケーション」と関連付けることができる。

エリアに分けておくと作戦が立てやすい

ひたすら石をひっくり返す

2 心理的な安定
(2)状況の理解と変化への対応

18 言いたいことを言おう

準備 朝の会進行めくりカード，ミニホワイトボード，お願いカード 等
時間 10分　　　　　　　　　　　　　　　　**形態** 集団

■ねらい
選択性かん黙の子供が自分の言いたいことや考えていることを表出できるようになる。

■指導の流れ
①当該の子供が朝の会の日直であることを伝える。
　本人に日直の係をすることができるか問いかける。「やりたくない」と意思表示をしたら無理はさせない。誰かに代役をお願いしたい場合は，その人のところに行ってその子供に合った方法で日直の代役をお願いする。
　例　ジェスチャー，お願いカードを渡す，ミニホワイトボードに書く，教師と一緒にやる
②代役の返事を受けたときの対応を教える。
　引き受けてくれたら，相手に伝わるようにお礼の気持ちを表す。
　引き受けてくれなかったら，次の人を探す。
③自分で日直をする場合の仕方を考える。
　例　朝の会進行めくりカードを使用して進行する，ジェスチャーや指差しで進行する，めくりカードを提示しつつ教師がカードを読み上げる等一緒に進行する。
④授業の中で日直が担当する場面をつくる。
　例　小集団授業の導入で行うウォーミングアップの内容を日直が選択する。ウォーミングアップ例として具体物を示しておき，好きなものを選びみんなに示す。

■指導のポイント
◇小集団指導場面で実施する前に，個別学習場面や個別対応時のコミュニケーション手段をある程度確立してから行う方が子供への負担が少なくなる。
◇子供が日直をやってみたくなるような朝の会の内容にすることも効果的である。

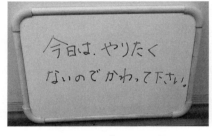
ミニホワイトボードでお願い

お願いカードでお願い

2 心理的な安定
(2)状況の理解と変化への対応

19 こんなときどうする？要求と相談

準備 なし
時間 25分
形態 集団

■ねらい
自分の気持ちを他者へ適切に要求したり相談したりするための手段と対応を覚える。

■指導の流れ
①めあて「お願いや相談を上手にしよう」を確認する。
②不適切な行動が見られた場面での気持ちを振り返ってみる。
　例 「ゲームで負けたとき」「相手から嫌なことを言われて腹が立ったとき」「分からないことがあったとき」
　子供の発言を取り上げた，教師からの事例も挙げる。
③適切な要求・相談方法を指導する。
　例 「正しい方法でお願いや相談をすることが大事です。そうすれば，話を聞いてくれて誤解されませんよ」→「ちょっと別の場所で休憩してもいいですか」「後でやってもいいですか」「分からないので教えてください」「やめて」「先生，○○さんが嫌なことを言ってきて困ります」
　休憩カードを渡す等，話型を提示する。
④ゲームの中で学習した言葉を使ってみる。
　例 ドッジボール，トランプ，フルーツバスケットなど勝敗のあるゲームをする。
　「(また，負けた。ムカつくなぁ)先生，次の回，ちょっと休んでいいですか」
　「(勝ったことを自慢され続けてイライラしてきた)ちょっと，そういう言い方やめてくれない」「先生，○○さんが自慢ばかりして嫌な気分にさせます」
⑤振り返りを行う。
　社会的に適切な言動をとらなければ，本当は自分が落ち込んだり腹が立ったりしたことには気付いてもらえないというまとめをする。

■指導のポイント
◇怒りや悔しい気持ちを抑える必要はないが，社会的に受け入れられる言動をとっていく必要があるという指導が必要である。
◇「気持ちの温度計(No.39)」「どうしてイライラするの？(No.40)」「こんなときどうする？『イライラ』(No.41)」と関連させて指導するとよい。

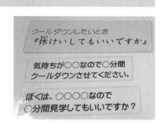

話型の例

2 心理的な安定
(2)状況の理解と変化への対応

20 関門突破ゲーム

準備 玉を置くための椅子，宝物（お手玉や紅白玉10個），タイマー，ビブス（2色，1チームの人数分の枚数）
時間 25分　　**形態** 集団

ねらい
状況の変化や場面に応じて柔軟に対応できる力を付ける。

指導の流れ
①準備をして，「関門突破ゲーム」の説明を聞く。
　「関門」として宝の山から1回につき一人一つの赤玉を取ってくる。赤玉を多く取ってきたチームが勝ち。守備をする役を置く（色分けビブスを着る）。守備側は攻撃側より1，2名減らして参加する。守備は1，2回戦で交代制にする。
②取るチームが作戦を考える。
　例 「僕は右側から行っておとり役になるから，○○さんは反対から行ったらどう？」などとミニホワイトボードを使って動きをシミュレーションする。
③試合開始。制限時間2分で攻守交替する。
④振り返りを行う。
　どんな作戦を立てたか発表する。反則行為について全員で話し合い共通認識をもつ。
　例 「作戦を立てたけど，その通りできないことがあった」→その時々で作戦の変更やお互いに声をかけていくとよいなど指導する。

指導のポイント
◇何回かの授業を積み重ねていくことで感覚がつかめるようになり，作戦を立てるときに子供間で共通したイメージの中，話し合いが進められるようになる。
◇「2 心理的な安定 (1)情緒の安定」「3 人間関係の形成 (3)自己の理解と行動の調整」「6 コミュニケーション (5)状況に応じたコミュニケーション」の内容と関連させて指導していくとよい。

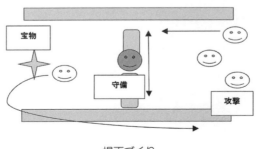

場面づくり

21 目指せ！スムーズな音読

準備 国語教科書，ワークシート教材，自作ワークシート，具体物，絵カードや写真 等
時間 20分　　**形態** 個別

2 心理的な安定
(3)障害による学習上又は生活上の困難を改善・克服する意欲

■ねらい
語彙知識を増やし，語をまとまりで捉えることでスムーズに音読ができる。

■指導の流れ
①教師の範読に続いて音読する。→1センテンスを読点ごとに短くする。
　このとき，教師は教師用のワークシートに子供の読み間違いや言い直しをチェックしておく。
②印を付ける（教師と同じように印付けを行う）。
　音読の際に補助となるように，助詞や接続語を丸で囲み，「ひらがな単語聴写テスト」でつまずきの多かった特殊音節に印を付けていく。
③言葉の意味を知る。
　本単元で覚えるべき単語や表現などを，写真や絵で説明して意味理解につなげる。
④言葉さがしを行う。
　③で学んだ語や分からなかった語について，蛍光ペンで印を付ける（下図）。
⑤教師の範読に続いて音読する。
　1センテンスは短い方がよいが，理解が進んでいるようであれば，一文にして音読する。
⑥一人で音読する。
　このとき，教師は教師用のワークシートでつまずきや言い間違いなどのチェックを行う。
　学習前後で改善された点を評価して自信をもたせるようにする。

■指導のポイント
◇音読のつまずきの要因はいくつか考えられるので，つまずきの要因によって指導法は異なる。
◇事前アセスメントとして，「ひらがな単語聴写テスト」（竹田契一監修　村井敏宏著『読み書きが苦手な子どもへの〈つまずき〉支援ワーク』明治図書）を実施してみるのもよい。

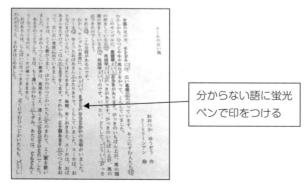

分からない語に蛍光ペンで印をつける

2 心理的な安定
(3)障害による学習上又は生活上の困難を改善・克服する意欲

22 おもしろ早口言葉

準備 早口言葉カード，シール

時間 10分　　　　　　　　　　　　　　**形態** 集団

▌ねらい

特殊音節（促音，長音，拗音，拗長音）の使い方を理解し，流暢に正しく言うことができる。

▌指導の流れ

①全体のめあて「早口言葉をなめらかに言えるようになろう」と個別のめあてを確認する。

②特殊音節の復習をする。

　例 板書したものを読ませる。「"ちょうちょ" は？」「ちようちよ？　ちょちょ？　ちょう
　　　ちょ？」種類ごとの記号を添えて，動作化して読み方を確認する。

③早口言葉カードを提示し，全員で練習する。

　１回目は教師の後に続いて言う。子供は特殊音節になっている語を見つけて発言し，教師
　は語の横に読み記号を書く。

　２回目は，全員でゆっくり読む。

　３回目は，少しスピードを上げてリズムよく読む。

④早口言葉テストに挑戦する。

　各自練習し，挙手してテストに挑戦する。みんなの前に立って２回連続でスムーズに言え
　たら合格。合格したら好きな色のシールを選び貼る。

　全員が合格したらクリアになる。

▌指導のポイント

◇基本的に早口言葉カードを読みながら発表してよいが，暗記して言える子供にはカードを見
　ないで発表を促すと意欲が高まる。

　（早口言葉カードには下記に挙げた参考文献にならい特殊音節を含む早口言葉を記載した。）

◇早く言うことばかりに興味がいきやすい子供には，間違えると１回休みになるペナルティを
　つくると，慎重に取り組むようになる。

◇読み・書きのつまずきと関連させて指導していくとよい。

〈参考文献〉海津亜希子編著『多層指導モデル MIM　読みのアセスメント・指導パッケージ』学研

2 心理的な安定
(3)障害による学習上又は生活上の困難を改善・克服する意欲

23 キーワードで文章題をイメージ

準備 自作教材プリント，操作するための具体物
時間 20分
形態 個別

■ねらい
文の内容をイメージすることができ，数字の関係を演算子で表すことができるようになる。

■指導の流れ
①めあて「正しい式を立てよう」を確認する。
②問題文を音読する。
　例「学校から帰ってプリントを10枚やりました。あと7枚やるよていです。ぜんぶで何まいやりますか。」
　読んだ後に，どのような計算式を用いればよいか見当をつけ，その理由も答える。
③キーワード探しの解説をする。
　例「キーワードは二つあります。一つ目は"あと7枚やる"，もう一つは"ぜんぶで"です」立式する際の関係性となる言葉に気付けるようにする。
④言葉の意味の理解を促す。
　文章の関係性が正しく読み取れているか確認する。
　例「あと7枚やる」ときの「あと」という状況の時系列，「ちがいは？」が表す差の意味を絵や図に描き，言葉と意味を結び付けて立式のイメージができるようにする。
⑤問題を解く。自分で考える。
　キーワードの意味することが理解できたら，立式してみる。自力では難しい場合は教師が一緒に行う。問題文に下線を引く。読みながら動作化する。
⑥答え合わせを行う。

■指導のポイント
◇文章題を解くことが困難な要因はいくつか考えられるので，要因によって指導法は異なる。

よし，10枚終わったぞ！

おやつを食べてから，あと7枚やろう！

問題 ぜんぶで何まいやりますか？

3 人間関係の形成
(1)他者とのかかわりの基礎

24 友達ビンゴ

準備 ビンゴ用紙（3×3：使用する学年によって書きやすいようマスの大きさを調整する）

時間 20分　　　　　　　　　　　　　　**形態** 集団

■ねらい

　提案の仕方，同意の得方，折り合い方を学ぶことを通して，相談や話し合いで必要なスキルを身に付ける。

■指導の流れ

①全体のめあて「上手に話し合おう」と個別のめあてを板書して，ビンゴをする。

②話し合いのコツを指導する。

　例 同意：「いいね」「同じ」　反対：「○○の方がいいと思うけど」「違う気がするけど」

　　折り合い：「じゃんけんで決めよう」「今日は○○さんの意見でいいよ。でも次は私の考えにしてもいい？」「～だから，ここは○○がいいと思うよ」「なるほどね」

③ペアの発表をし，ビンゴカードに書くテーマを発表する（テーマは野菜，色，花等，子供がイメージをふくらませやすいもの）。

④相談タイムをとる。

　テーマにしたがって二人でどこのマスに何を記入していくか意見を出し合い相談する。

　役割も同時に相談する（書く人，丸付けをする人，質問をする人等）。

⑤ビンゴゲームを開始する。決めた通りの役割を務める。

　縦・横・斜めのうち2列を最初に完成させたペアが1位。

⑥1回目の相談や考え方がうまくいったかを振り返る。折り合いや考え方のコツを指導する。

■指導のポイント

◇意見が違ったときに，子供自身がどうするべきか考えることを指導する。また，言わない方がいいNGワードを板書しておくとよい。

◇話し合いの際自分の意見に反対されたときに自分自身を否定されていないことを指導する。相談は目的を達成するために行うものだと理解を促す。

テーマ「やさい」		
なす	トマト	にんじん
きゅうり	だいこん	キャベツ
たまねぎ	セロリ	ねぎ

テーマの例
・野菜，果物，乗り物，花
・給食メニュー
・色，数字
・アニメのキャラクター

1 健康の保持
2 心理的な安定
3 人間関係の形成
4 環境の把握
5 身体の動き
6 コミュニケーション

(1)他者とのかかわりの基礎

3 人間関係の形成
(1)他者とのかかわりの基礎

25 上手に断ろう

準備 コメントボード
時間 30分
形態 集団

■ねらい
相手の気持ちを大切に考えた上手な断り方を知る。

■指導の流れ
①中学校進学に向けて，どのように人間関係や交友関係が広がっていくのかを考える。
　例　部活動の先輩，新しい友達，担任以外の教科担当の先生。
②本時のめあて「上手なことわり方を覚えよう」を板書して，確認する。
③「断りにくい場面」を教師がロールプレイして見せる。
　例　場面：部活動の先輩から無理な依頼，友達からの気のすすまない誘い等
　　　本当の気持ち：時間がない，興味がない，他に約束がある，引き受けたくない等
④「上手に断る」(1)選択肢から選ぶ。選んだ理由をお互いに言う。
⑤「上手に断る」(2)どのような言い方だと相手に失礼ではないか，関係が悪くならないかを考える。
⑥ロールプレイ：考えた言い方や態度を用いてロールプレイする。
　子供は断る役，断られる役の両方を演じる。
⑦感想を発表
　例　「こういう言い方だと，嫌な気分にならない」「実際に使ってみようと思う」

■指導のポイント
◇断る言い方や態度によって印象が異なることをつかませるとよい。そのためにはロールプレイで両方の役を体験することで断られる側の気持ちも体験でき，効果的である。
◇教師が行うロールプレイでは，断る側はコメントボードに書かれた本心を別の言い方に替えて上手に断ったり譲歩案を出したりできるとよい。

3 人間関係の形成
(1)他者とのかかわりの基礎

26 かぶらナイス

準備 ワークシート
時間 20分
形態 集団

■ねらい
他者の考えを意識し，他者の発言に注目することができる。

■指導の流れ
①全体のめあて「他の人の意見をよく聞こう」と個々のめあてを板書し，ゲームの説明をする。
②自分の答えと他の人の答えと重ならないかを競う「かぶらナイス」を行う。
③お題を提示し「考えタイム」で答えを考える。
　例　与えられたお題から他の友達が思いつかないだろうと思う答えを3つ考え，ワークシートに記入する。
④考えたものを一人一つずつ順番に発表する。
　答えが被るときは，手を挙げる。被らない人数一人について得点を2点ずつ加算していく。
⑤【2回戦以降】ペア対抗，教師と「かぶらナイス」を行う。
　相談の学習活動と関連したペア対抗や，教師の回答と被らないように答えを考えるなど，ペア活動も取り入れていく。

■指導のポイント
◇ゲームの主旨を忘れてしまい，自分の思いついた順に答えを決めてしまう子供がいた場合は「考えタイム」で再度説明する。
◇複数回実施することで，他者の発言に注目する姿勢や他者の考えを意識することができるようになるので，できれば一度で複数回行ったり同じお題で実施したりしても効果的である。

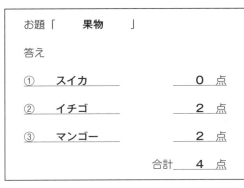

ワークシート例

〈参考文献〉上野一彦監修　岡田　智・中村敏秀・森村美和子・岡田克己・山下公司著『特別支援教育をサポートするソーシャルスキルトレーニング（SST）実践教材集』ナツメ社

3 人間関係の形成
(1)他者とのかかわりの基礎

27 ありがとう，ごめんね

準備 付箋紙，絵カード

時間 30分　　　　　　　　　　　　**形態** 集団

■ねらい

お礼と謝罪の言葉を伝えることの大切さが分かり，場に応じて自ら言うことができる。また仲直りの意味や方法を知る。

■指導の流れ

①どんなときに「ありがとう」「ごめんね」を言うのか思い出す。

例 「物をくれたとき」「忘れ物をして貸してくれたとき」「物を壊してしまったとき」

②全体のめあて「ありがとうとごめんねを言えるようになろう」と個々のめあてを板書して，確認をする。

③「こんなときどうする？」と場面の絵カードを提示して状況を考える。

例 ・わざとじゃないけれど人とぶつかった，試合中に自分がミスをして失点した，両手がふさがっているときにドアを開けて待っていてくれた等

・「わざとじゃないから謝る必要はないと思う」「頑張ってやっていたし悪いことをしたわけではないから……」「別に頼んでないし，お礼を言うのかな？」

④自分からお礼と謝罪をするとどうなるのかを全員で考える。

例 自分がお礼を言われるとどんな気持ちになるか？　悪いことをしたときだけ謝る言葉を使うわけではないのかもしれない？　謝ったらできる限り許す気持ちをもとう→仲直り

⑤ロールプレイングゲーム等を通して実践的な練習を行う。

全員でゲームや遊びをして，自らお礼や謝罪の言葉を言う経験をする。

例 手伝ってもらったら「ありがとう」，うっかり人にぶつかってしまったら「ごめんね」と言う。

■指導のポイント

◇手伝ってもらいうれしかった場面やわざとではないが自分の行為により相手の気持ちをがっかりさせた場面を想起させ，お礼や謝罪を言葉で伝えていくことで友達関係が良好になることに気付かせる。

◇友達とトラブルになりやすい子供には，謝るときの言葉だけではなく，言い方，声のトーン，表情，態度についても指導するとよい。どのように謝ると本心が伝わるかをクイズなどにすると効果的である。

◇仲直りの方法も合わせて指導しておくとよい。本当は許したくないけれど，という本心があったとしても，相手が謝ったら許すということも大切だと気付かせたい。

3 人間関係の形成
(1)他者とのかかわりの基礎

28 すごろくトーク

準備 すごろくトークボード，サイコロ，駒（人数分）
時間 10分〜
形態 小集団

■ねらい
　自分の思いや考えを相手に分かるように伝えることができる。また，他者の考えを関心をもって聞き，受け止めることができる。

■指導の流れ
①基本的な「聴型」を確認する。
　・他者の話は最後まで黙って聞く。
　・自分と異なる考えも批判せず受け止める。
　・質問があれば話し終わってから聞いてもよい。
②「すごろくトーク」をする順番を決め，すごろくトークをする。

■指導のポイント
◇聞く人が批判したり説教したりしないことで，安心して自己開示できる雰囲気をつくる。
◇感じ方や考えは人それぞれ異なることを実感できるようにする。また，正解は一つではないことや，考えは自由であることを実感できるように声かけをする。
◇ゴールすることが目的にならないように，声かけをする。
◇自己開示や傾聴，親睦を深めるときは，トーク内容は「好きなこと」「苦手なこと」「最近のこと」「将来のこと」といった話題がよい。ソーシャルスキルトレーニングを目的にするときは，身近な出来事を取り上げて「こんなときどうする？」と考えさせることもできる。
◇子供にトーク内容を考えさせて，手作りするのもよい。すごろくのコースも子供同士で相談しながら工夫して作らせるのもよい。

※参考「SST ボードゲーム　なかよしチャレンジ」クリエーションアカデミー
　　　「こころかるた」クリエーションアカデミー

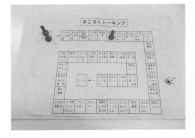
会話を楽しめるように支援する

市販されているものもある

29 お願いトランプ

準備 トランプ，声かけの話型カード
時間 20分
形態 小集団

■ねらい
集団でのルールを知り，友達と仲良く活動しようとするとともに，先生や友達の話をよく聞き，ゲームに役立てようとする。他者に気持ちよく声をかけられるようになる。

■指導の流れ
①ルールの説明をする。
　自分のカードが早くなくなった人が勝ちとする。
②ゲームを行う。テーブルを囲んで周りに座る。
③ババ抜きと同じ要領でトランプをすべて配る（ジョーカーは2枚とも抜いておく）。
④ババ抜きと同じやり方で，同じ数字のカードがあったら2枚ずつ真ん中に出していく。
⑤自分の番になったらカードを持っていそうな人を指名し，自分が欲しいカードを持っているか尋ねる。
　例「○○さん，8のカードを持っていますか？」
　　「はい，持っています。どうぞ」「いいえ，持っていません」「ありがとうございました」
⑥自分の番で人に持っているか尋ねられるのは1回のみ。これを順に繰り返していく。

■指導のポイント
◇誰でも一度はやったことがあるであろう「ババ抜き」のルールに似ており，低学年でも取り組みやすい。
◇最後に一人だけ残ることがなく，二人同時にあがるかたちになるため，勝ち負けにこだわる子供も受け入れやすい。
◇子供が他の人に気軽に声をかけられるよう話型カードを掲示しておき，その通りに会話をしながらゲームを進めていけばよいことをはじめに話しておく。

話型カード

3 人間関係の形成
(1)他者とのかかわりの基礎

30 好きなものな〜に？かくれんぼ

準備 ホワイトボード　大きめの段ボール（子供が入れる大きさ），大きめの布，全員の写真
時間 25分　　　　　　　　　　　　　　　**形態** 小集団

■ねらい
小集団指導を受ける全員の顔と名前を一致させることができるようになる。

■指導の流れ
①全体のめあて「かくれんぼをしている友達の名前と好きなものを知る」を確認するとともに，個々のめあてを考えて発表する。
②一人ずつ自分の写真を黒板に貼りながら，自分の名前と好きなものを全員に紹介する。
③友達を見つけた際の言い方を確認する。実際にロールプレイで見せるとよい。
　例「▲▲さん見つけた」「○○の好きな▲▲さん見つけた」
　名前が分からなかったときの聞き方：「わからないので教えてください」等
④隠れる子と探す子に分かれる。
　隠れる子は段ボールの中や机の下に隠れ，探す子は後ろ向きで目をつぶり，数を数える。
⑤探す人が全員を見付けたら，探す子が交代する。
⑥全員が探せたら，写真を見ながら探した友達は何が好きなのかを確認する。

■指導のポイント
◇活動の途中で見つかっていない友達を確認するために，名前入りの小集団メンバー全員の写真を用意し，拡大して黒板に掲示しておくとよい。
◇安心して友達を探すことができるよう，友達の名前を教員に聞いたり，黒板で確認したりできるようにする。また，小さいホワイトボードにメモさせ，探している間に見てもよいことにする。
◇好きなものを増やすことで覚える項目を増やし，難易度を上げるなど調整するとよい。

○○の好きな
▲▲さん見つけた。

3 人間関係の形成
(1)他者とのかかわりの基礎

31 相談してスリーヒントをつくろう

準備 マッピングシート，観点表，絵付きくじ，スリーヒント問題ワークシート，○×ブザー
時間 40分　　**形態** 小集団・個別

■ねらい
他者の考えを聞いたり自分の考えを伝えたりして，スリーヒントをつくることができる。

■指導の流れ
①2人組（ペア）になる。
②ペアごとに絵付きのくじを1本引き，お題を知る。
③お題（例：りんご）から考えられる特徴を個々にマッピングシートに書き出す。
④考えたマッピングシートを互いに見せ合い，話し合ってスリーヒントゲームに使うヒントを三つ選ぶ。
⑤④のヒントを「スリーヒント問題」のワークシートに書き込む。
⑥ペアごとに問題を出し合う。
⑦ゲームの振り返りを行う。

■指導のポイント
◇マッピングを考えるときは，視点をもつための「マッピング観点表」を提示するとよい。
◇個々に考えたマッピングシートで同じ言葉があったら赤ペン等で囲むと共通点が明確になりヒントを決めるときに役立つ。
◇問題を出し合うときは，ヒントを出す役，相手の答えを書く役を分担にしておくとよい。
◇振り返りで，どのようにヒントを考えたか子供に発表させると次の問題づくりに生かせる。

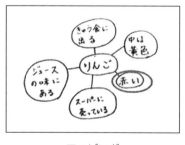

マッピング

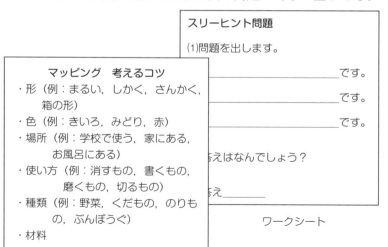

マッピング観点表　　ワークシート

32 UFOキャッチャーゲーム

3 人間関係の形成
(1)他者とのかかわりの基礎

準備 いろいろな大きさのペットボトル，太いゴムにスズランテープをつけたもの
時間 20分
形態 小集団

■ねらい
ルールを守って楽しく活動に参加し，仲間意識を高め協力して目的を達成することができる。

■指導の流れ
①点数をつけたペットボトルを用意し（5～10個程度），床に間隔をおいて並べる。
②太いゴムに3か所もしくは4か所スズランテープを結びつけたものを三人もしくは四人で引っ張る。
③どのペットボトルを取るのか相談しながらペットボトルにゴムを引っかける。
④手を離し，ゴムがペットボトルを捉えたことを確認してから指定の場所まで運ぶ。
⑤2分間など時間を決めてゲームを行うか，ペットボトルを全部運び終わるまでやるなどして活動を行う。
⑥時間内に何点取ったか，チームで協力して運べたことなどを褒め，モチベーションを高める。

■指導のポイント
◇ゲームセンターにあるUFOキャッチャーをイメージして意欲を高められるようにする。
◇三人もしくは四人で引っ張る場面で力加減が大きく違うと上手にペットボトルに引っかけられないため，協力が必要となる。教師が入って「○○さんもうちょっと引っ張って」などと声かけをするとよい。
◇「(4)集団への参加の基礎」と関連付けて指導するとよい。
◇みんなで協力するための声かけや手助けなどができたときはその場で褒める。

点数をつけたペットボトル

協力して取る

3 人間関係の形成
(2)他者の意図や感情の理解

33 最後まで聞くぞトレーニング

準備 ワークシート

時間 15分

形態 個別・集団

■ねらい

最後まで話を聞く力を身に付ける。

■指導の流れ

①内容の説明をして，例を示す。

　拡大したワークシートに訂正の仕方，書き方を視覚的に示す。

　例 **教師**：「今から1〜10までの数字をバラバラに言います。みなさんはその数字を書いて
　　いきます。あきらめないで最後までやりましょう」

②配布されたワークシートに名前を書く。

　学級と同じように子供が隣や後ろに用紙を回す。余ったら教師へ戻す。

　配布されたらすぐに名前を書き，鉛筆を置いて次の指示を待つ姿勢づくりもここで行う。

③聞き取りを行う。

　聞き取れなかった場合も，気持ちを切り替えて次に進むようサブの教師が促す。

　指示が正しく理解できていない子供がいたら，サブの教師が支援して一緒に行う。

　例 **教師**：「2，4，5，1，7，8，9，4，3，8，6，2，3……終わり」

　　　教師：「ねこ，さる，こめ，いす，はな，つき……終わり」

　　　子供：（読み上げが終わってから）「もう一度言ってください」

④答え合わせを行う。

　隣の席の人と交換して赤鉛筆で丸付けを行う。

　最後に相手へのコメントを書いてお互いに交換する。

■指導のポイント

◇下記参考文献のような市販教材を参考に行うが，子供の実態に応じて多少変更する。

◇机上から物が落ちたりすることで作業の中断や集中が途切れるので，机上整理ができている
　かを確認して行うとよい。机上整理の重要性にも気付かせたい。

◇答え合わせは，間違いが多そうな場合は各自で丸付けを行うようにする。交換して丸付けを
　することで，他者から認められ自信がつくことや，コメントを書くことで肯定的に他者を評
　価する姿勢を学ばせるとよい。

〈参考文献〉上嶋　恵著『3ステップ「聞く」トレーニング』さくら社
　　　　　　NPO フトゥーロ　LD 発達相談センターかながわ編著『聞きとりワークシート①②③』かもがわ出版

3 人間関係の形成
(2)他者の意図や感情の理解

34 「どうして?」「どんな?」雑談をしよう

準備 テーマパークや映画のパンフレット,レストランのメニュー 等

時間 30分　　　　　　　　　　　　　**形態** 個別・集団

■ねらい

様々なことへ興味関心をもち,友達との会話のスキルを身に付ける。

■指導の流れ

①休み時間の過ごし方を思い出す。

> **例** 「特定の友達と過ごす?　特に決まっていない?　一人で過ごすことが多い?」
> 「話が合わないから」「話しかけられなかったから」「入り方が分からない」

②本時のめあて「友達といろいろな話ができるようになろう」と個々のめあてを確認する。

③映像を見る。

> **例** 『お伝と伝じろう』第4回「会話のキャッチボール」(NHK for School)

④二つの法則について知る。

「しりとりの法則」:相手が話した言葉を拾いながら次の会話を展開していく。

「どうしての法則」:「どうして?」「どんなふうに?」「どうやって?」など分からないこと
を質問していく。

⑤教師と「しりとりの法則」「どうしての法則」を使って会話練習を行う。

> **例** サブの教師が会話を板書していく。
> **教師**:「今日は雨が降ってるね」　**子供**:「そうだね,雨だね。雨って好きじゃないなぁ」
> **教師**:「どうして?」　**子供**:「だって,外で遊べないじゃん」　**教師**:「確かに。でも
> ゲームとかして遊べるよね」　**子供**:「どんなゲームして遊ぶの?」……

⑥子供同士で「しりとりの法則」「どうしての法則」を使って会話してみる。

⑦感想の発表とまとめを行う。

板書された会話の数を振り返り,会話が弾んだことを確認する。会話が弾むと相手のことが
分かってくることの理解につなげる。

■指導のポイント

◇本学習を行う前に,相手と会話をするときの相槌やうなずきなどのスキルについても学習し
ておくとよい。

◇板書することで,会話の量や,お互いがバランスよく会話しているか,一方だけが話してい
るのかを確認することもできるので自覚しやすい。また,撮影して映像で振り返ってもよい。

〈参考教材〉NHK for School「お伝と伝じろう」

---

1 健康の保持

2 心理的な安定

3 人間関係の形成

4 環境の把握

5 身体の動き

6 コミュニケーション

(2)他者の意図や感情の理解

3 人間関係の形成
(2)他者の意図や感情の理解

35 どんな気持ち？

準備 表情カード，自作ワークシート
時間 15分
形態 個別

■ねらい
表情から相手の様々な感情が理解できるようになる。

■指導の流れ
①集団学習で行ったゲーム活動を振り返る。
気持ちについて考えるときには自分のことだけでなくてもよい。
　例「2回続けてAさん負けちゃったね。Aさんはどんな気持ちだったのかな？」
　　「Bさんは勝ったね。どんな気持ちになった？」
②自分の気持ちや他者の気持ちを想像して表情カードを選ぶ。(カードは複数枚選択してよい。)
　例「自分は勝ったから"やったー！"かな」「でもAさんは2回続けて負けちゃったから"あっ，まずい"とも思ったかな」「Bさんは"ガーン，ショック！"だったかな」
③ワークシートに記入する。
　状況に合った言葉が書ければ，カードに書かれている言葉と必ずしも一致しなくてもよい。
④状況を整理して次回の学習について考える。
　同じようなことが起こったら自分はどうしてあげたらいいのか，また，来週は自分の立場が逆転したら自分はどうすればいいのかを考える。

■指導のポイント
◇直前に起こった学習を自分の経験と照らし合わせ，自分だけでなく他者についても考えることで，人によって感情が自分とは反対だったり複雑だったりすることに気付いていける。

〈教材〉「表情カード」クリエーションアカデミー

36 電池人間

3 人間関係の形成
(2)他者の意図や感情の理解

準備 お手玉（子供の人数×4個程度），障害物（ミニハードル，バー，クッションマット等），かご（お手玉が滑ってすぐに落ちる場合は紅白帽を被るとよい）
時間 20分
形態 小集団

■ねらい
　他者に助けを求めたり，自分が助けたりして，相手の気持ちを考えながら協力することができる。また，速さにこだわらず，周りのペースに合わせたり順番を譲ったりすることができる。

■指導の流れ
①ルールとコースの確認をする。
　・頭にお手玉（電池）を載せて障害物をクリアしながら1周歩き，ゴールに置かれているかごの中に頭上のお手玉（電池）を入れるゲーム。ゴールしたら2周目，3周目と続ける。
　・お手玉（電池）が頭に載っているときは動けるが，落ちたらしゃがんで止まる。
　・お手玉（電池）が落ちた子供は「助けて」と助けを求め，近くにいる子供は落ちたお手玉を拾って頭に載せる。載せてもらったら「ありがとう」と言う。
　・前にいる子供が「お先にどうぞ」と言ったら「ありがとう」と言って抜かしてもよい。
②時間を決めて（5分程度）実際に活動する。
③振り返りを行い，作戦を立てる。
　・助けを求められたか，助けることができたか，順番を守ったかなど，仲間同士で助け合い，協力することができたか意見を発表する。また，改善点や頑張りたいことを考える。
④再度挑戦して，振り返りを行う。

■指導のポイント
◇最初は子供の実態に合わせて簡単なコースにすることで楽しさを味わわせる。次第に子供のアイデアを取り入れたり，話し合わせたりしながら難易度を上げるのもよい。
◇他者に助けを求めたり，順番を譲ったりすることはよいことだと感じられるように指導する。
◇うまくできない子供や遅い子供を応援したり，励ましたりするように指導する。
◇コースの障害物の設定によっては，「5 身体の動き」と関連させて指導することができる。

頭にお手玉を載せて障害物を乗り越える

助ける子供もお手玉は載せたまま

3 人間関係の形成
(2)他者の意図や感情の理解

37 約束を守って絵本を楽しもう

準備 約束カード，絵本，声のものさし

時間 15分　　　　　　　　　　　　　　　**形態** 小集団

■ねらい

絵本の読み聞かせを通して，声の大きさの調整や発問に対する答え方を身に付ける。

■指導の流れ

①全体のめあて「ルールを守って絵本をたのしもう」とポイントを確認する。

②教師による絵本の読み聞かせを行う。

③聞いている途中で，話すときの約束を守って受け答えを行う。

■指導のポイント

◇ねらいのポイントとしては下記３点をおさえる。

　①相手が話しているときは静かに聞く。

　②話したいことがあるときは手を挙げて指名されてから話す。

　③丁寧な言葉遣いによる答え方を示す。例)「～です」「～だと思います」

◇声の大きさの調整に課題のある子供がいる場合は，最初に「声のものさし」を掲示し，発表
　する際の声の大きさを確認する。

◇発表するのが難しい子供には，教師が話したいであろう内容をカードにして，子供に選択さ
　せるようにする。三択程度にし，選択肢に「わからない」を加える。

◇次のような，子供とやりとりがしやすい形式の絵本を選ぶ。

tupera tupera 著『やさいさん』『くだものさん』（学研）

きうち　かつ作・絵『やさいのおなか』（福音館書店）

ジョン・バーニンガム作　まつかわまゆみ訳『ねえ，どれがいい？』（評論社）

ヨシタケシンスケ作・絵『なつみはなんにでもなれる』（PHP 研究所）

先生や 友達の お話は しずかに 聞こう。	わからないとき、お話 したいときは ① 手を あげる ② 名前を よばれる ③ 「はい」と返事をしてから 　話す

掲示するお約束の例

3 人間関係の形成
(3)自己の理解と行動の調整

38 ブロック伝達ゲーム

準備 レゴブロック（平面が正方形と長方形の種類を各色，使う数は子供の実態に応じて変える），机上用衝立
時間 15分　　　　　　　　　　　　　　　　**形態** 集団

■ねらい
　相手が理解できるように正確に伝えるとともに，相手の気持ちを尊重した言葉かけや対応ができる。

■指導の流れ
①学習の内容と全体のめあて「よく聞いてブロックをつくろう」を確認する。

②手順とルールを説明する。

　伝える人が見本の通りにブロックを組み立てる（1分間）。ブロックの構成を言葉だけで伝達する。作る人は聞きながら，同じ構成でブロックを組み立てる。

　言葉を確認して，板書しておくとよい。

　例 「上に載せる，または重ねる」「同じ向き」「交差させる」「○個分左（右）へずらす」等

③ゲームを開始する（制限時間3分）。

　二人組になって机を横に並べ，衝立を置く。聞き取れなかった場合はもう一度聞くことができるが，伝える人は同じ言葉を繰り返すだけにする。指差しや身振りなどは禁止。

　例 「もう一度言ってください」

④答え合わせをする。

　完成したら衝立をはずして互いのブロックが合っているか確かめる。

　作った人は，伝える人の言い方に対して感想を述べ，アドバイスをする。

⑤交替してゲームを行う。

■指導のポイント
◇慣れてきたら同色同種類のブロックの数を複数用意して複雑にしてもよい。

◇はじめは隣同士に座って行うと比較しやすい。向かい合わせで行うと，ブロックが鏡に映した状態になってしまい，相手の視点に立って説明することが難しくなる。

◇二人組ではなく，伝える人が1名，作る人が複数名のパターンも取り入れていく。同じ情報を聞いても，聞き手によって完成したものが異なる場合があるという経験を味わわせることも効果的である。

1 健康の保持
2 心理的な安定
3 人間関係の形成
4 環境の把握
5 身体の動き
6 コミュニケーション

(3)自己の理解と行動の調整

3 人間関係の形成
(3)自己の理解と行動の調整

39 気持ちの温度計

準備 気持ちの温度計の図

時間 15分　　　　　　　　　　　　**形態** 個別

■ねらい

自分の感情を客観視していくことで，感情のコントロールができるようになる。

■指導の流れ

①めあて「怒りのレベルのちがいを知ろう」を確認する。

②最近の出来事でイライラしたことや嫌なことがあったか思い出す。

　教師は連絡帳や，学級担任から聞いた情報をもとに子供から話を引き出す。

③気持ちの温度計を提示してそのときの温度を当てはめてみる。

　例 「イライラして物を壊したから……5かな」「腹が立ったけど，5ではなかったかも」

④教師といろいろな出来事のイライラする場面を想定し，感情にはレベルがあることに気付く。

　例 「このくらいのことなら，5にはならないよね」「これは当然5でしょう」

⑤レベル5の気持ちをどうしたらよいのか，どうしたら防げるのか考える。

　5になったときに自分が暴力や暴言をしたことも記入して，5になることが決して悪いことではないことを伝える。5になっている自分に気付き，下げられることを知り，5になる前に防げるようになることを指導する。

■指導のポイント

◇同じ事例を挙げて，教師と比較してみるのもよい。人によっては同じ出来事に対しても怒りのレベルが異なることを知る機会になる。

◇感情にもレベルがあり，そのレベルによって言葉での伝え方や対処法がそれぞれあるということに気付けるようにしたい。

◇「こんなときどうする？『イライラ』（No.41）」と関連付けて指導すると効果的である。

◇教材作成には，インターネットサイト「親子でつくるソーシャルスキル教材〈http://sn1.e-kokoro.ne.jp/oyako/index.php〉」（特別支援教育デザイン研究会）を用いて作成するとよい。感情の名前，感情の度合い，表情などオリジナルも作成できる。（悲しい，落ち込む等）

52

3 人間関係の形成
(3)自己の理解と行動の調整

40 どうしてイライラするの？

準備 表情カード，自作ストレスチェックリスト，気持ちの温度計
時間 20分　　　　　　　　　　　　　**形態** 個別

■ねらい
ストレスの原因を知り，対処法を考えるきっかけにする。

■指導の流れ
①ストレスとは何か，また，ストレスを抱えるとどのような反応が起こるか，知っていることがあれば発表する。
　例 「行事の練習が続くとイライラする」「緊張しすぎるとお腹が痛くなる」
②「ストレスチェックリスト」に記入する。
　当てはまれば丸を付け，該当しなければ×にチェックをする。
③ストレスの原因と考えられる要素を知る。
　ストレスの原因となる要素の種類が多くあることに気付き，自分がストレスを溜め込みやすい要素が何であることが多いか視覚化して確認する。
④表情カードや気持ちの温度計を使ってストレスの程度を調べてみる。
⑤次回に向けての確認と予告を行う。
　ストレスを解消していく優先順位を確認し，具体的な対処法を考えるという予告をする。

■指導のポイント
◇「苦手な授業がある」「宿題が多くて嫌だ」など，子供にとってストレスになる要素の質問も取り入れながら，その先にある，どうしてそれがストレスになるのかを教師と共に探っていくとよい。

```
　　　　ストレスチェックをしよう
①自分の気持ちがうまく伝わらない。 ○　×
②友達となかよくできない。　　　　 ○　×
③先生から注意されることが多い。　 ○　×
④うるさい音がある。臭いがいやだ。 ○　×
⑤ぐっすりねむれないことが多い。　 ○　×
```

〈教材〉「表情カード」クリエーションアカデミー

3 人間関係の形成
(3)自己の理解と行動の調整

41 こんなときどうする？「イライラ」

準備 「気持ちの温度計」「どうしてイライラするの？」で使用したワークシート，ミニホワイトボード
時間 20分　　**形態** 個別

■ねらい
ストレスの対処法やうまく付き合っていくための方略を考える。

■指導の流れ
①「どうしてイライラするの？」の授業を復習する。
②めあて「イライラしたときのおたすけグッズや方法を考えよう」を確認する。
　ストレスの解消法は人それぞれ異なるので，自分なりの方法で上手に解消すること，うまく付き合っていくことが大切であることを伝える。
③どのストレスに対して解消法を見付けるかを選択する。
　原則，前回の授業で優先順位が高かったものを選択するよう促すが，自分が気になっているものや解決しやすいものを選んでもよい。
④自分なりの解消法を考える。
　自由に意見を述べていき，その発言を教師がミニホワイトボードに記述していく。教師はやりとりを通して徐々に，子供がその場に合った現実可能な解決策を引き出せるように導く。
　例 「授業中にイライラがおさまらなくなったらどうしようか？」
　　→「廊下に出て歩く」「練り消しゴムを触る」
⑤まとまった考えを「イライラ解消カード」に整理する。
　ロールプレイ等により実際の場面で，適切に対処できるかを確認する。必要に応じて「イライラ解消カード」の活用を促す。

■指導のポイント
◇「気持ちの温度計（No.39）」「どうしてイライラするの？（No.40）」と関連付けて指導すると効果的である。
◇ストレスの原因となる知識を理解した上で，対処行動（コーピング）を学んでいくとよい。
◇悲観的な考えをもってしまう子供や，考えが思いつきにくい子供については，気持ちを受け止めつつ，教師がその都度，対処方法を提供していく。
◇子供本人が考えた解決策や対処方法は，保護者や学級担任と共通理解をして実生活の場面で使用できる環境配慮をお願いしていくとよい。

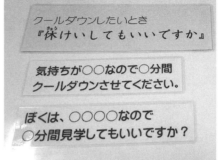

イライラ解消カード

3 人間関係の形成
(3)自己の理解と行動の調整

42 アンガーマネジメント

準備 「こころの温度計」の掲示，クールダウンの方法のカード，アンガーマネジメントゲーム（日本アンガーマネジメント協会）
時間 20分
形態 小集団

■ねらい
　怒りの感情を知り，対処の方法を身に付ける。自分自身の感情のコントロールの仕方を学び，自己肯定感を高める。

■指導の流れ
①今までに怒ったときに，怒った感情がどんな形で表れたか経験を尋ねる。
②怒りの感情は決して悪いことではないこと，大事なのは怒りの感情を上手にコントロールすることができるようになることだと伝える。
③アンガーマネジメントゲームの「こころの温度計」により，場面ごとの自分の怒りの度数を考える。
　例　友達に遊びに入れてあげないと言われたとき→こころの温度計が「4」。
④「アンガーマネジメントカード」を用いて場面や状況によってそれぞれ怒りの感情の度数の感じ方に違いがあることを学ぶ。
⑤怒りを感じたときにどのようなクールダウンの方法があるかを考え，出し合う。
　例　深呼吸する，水を飲みにいく，ストレッチをする，好きなことを考える，心の中で6秒数える，その場でジャンプする等

■指導のポイント
◇学習の前にアンガーマネジメントチェックを行うと効果的である。（『イラスト版子どものアンガーマネジメント』（合同出版）より）
◇子どもたちの将来に向け，様々な人間関係を築くためのトレーニングとして取り組む。指導者も自分の体験を交えながら指導する。

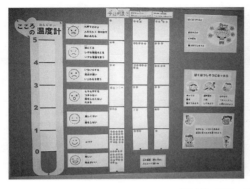 

〈教材〉「アンガーマネジメントゲーム」（日本アンガーマネジメント協会）

3 人間関係の形成
(4)集団への参加の基礎

43 お楽しみ会をしよう！役割決めと準備

準備 ワークシート，お楽しみ会の準備に必要な材料

時間 40分　　　　　　　　　　　　**形態** 集団

■ ねらい

自分の役割を意識して参加する。

■ 指導の流れ

①お楽しみ会で必要な係や内容を考える。

例 内容は授業で行ってきた集団ゲームや，みんなが知っている遊びに限定する。

係についても，具体的な仕事内容を共通理解しておくようにする。

②話し合いに求められるルールとお楽しみ会を確認する。

例 お楽しみ会で必要とする協力とはどんなこと？

みんなで楽しめるとはどんなこと？

希望者が重複した場合はどのように解決すればいい？

③係決めとやりたいゲーム（遊び）の担当を決める。

高学年の場合は司会と記録係を選出し，話し合いを進める。

④自分の役割をワークシートへ記入する。

自分の係や具体的な仕事内容，いつまでに何をするかまとめたワークシートを用いてまとめる。

⑤各自準備にとりかかる。

例 **司会**：台本作り　**プログラム係**：模造紙に次第を書く　**装飾係**：飾り作り

⑥担当になった遊びについてルールや準備物を考えてワークシートへ記入する。

例 みんなの前で分かりやすく説明できるようにする。

いつまでに，何を，誰が準備するのか。

審判やタイムキーパーは誰が行うのか。

⑦各自の進捗状況を発表する。

次回の本番に向けてどこまで準備が進んだかを発表する。

■ 指導のポイント

◇係の仕事内容を具体的に板書し，ワークシートへ自分で書き込むことで，自分が何をすべきかが理解しやすくなる。ワークシートを見れば思い出せるような手掛かりとする。→メモを取る前段階指導にもつながる。

◇何かを任されてやり遂げるためには，頭の中で具体的にイメージすることから始め，様々な準備や段階を経るという経験を積み重ねることが大切である。教師はそのための補助に徹するとよい。

3 人間関係の形成
(4)集団への参加の基礎

44 フルーツバスケット

準備 椅子（人数分より一つ少ない数），果物カード（首から下げられるタイプ）
時間 15分　　　　　　　　　　　　　　　**形態** 集団

■ねらい
遊びのルールを正しく理解する（主に低学年向け）。

■指導の流れ
①全体のめあて「なかまと遊ぼう」と個別のめあてを確認する。
②各自椅子を持って集合する。
③教師が見本を示す。
　例　基本的なルールを示す。
　　「これはやっていいこと？　悪いこと？」のモデルも示して，「押しのけて座る，座れなくて怒る，泣いて参加を拒否する，同じ果物ばかり指名する」等のやってはいけないルールを共通認識する。
④自分の果物を決める。
　例　自分の好きな果物を選ぶ，裏返したカードから選ぶ，教師が配る等
⑤フルーツバスケットを開始する。
　時々，全員一斉に動く「フルーツバスケット」のかけ声も入れる。
　対応できる集団であれば，「りんご……じゃなくて，ぶどう！」というフェイントもルールの中に組み込んでいく。
⑥振り返りを行う。
　個々のめあてに向けてルールを守って遊べたかを発表する。

■指導のポイント
◇果物カードを首から下げて見えるようにすることで，どんな種類があったか，自分がどの果物だったかを忘れてしまいがちな，記憶が苦手な子供へ配慮する。
◇最後は教師がオニになって終わるようにするとよい。

3 人間関係の形成
(4)集団への参加の基礎

45 遅れないように行こう

準備 行事のしおり 等，ワークシート

時間 20分　　　　　　　　　　**形態** 個別

■ねらい

　時間を逆算して出かける支度をするなど，見通しをもって行動できるようにする。

■指導の流れ

①全体のめあて「前もってやることを考えよう」を板書して，確認をする。

②行事のしおり（宿泊，社会科見学等）を見ながら集合時間や持ち物を確認する。

③事前にやるべきことを考える（板書する）。

　例「集合が7時45分に校庭だね。じゃあ何時に家を出たらよさそう？」

　　　いつもの登校時間と異なることで登校にかかる時間を改めて逆算する。

　　　持ち物についても，いつまでに，誰が，何を支度して，どこに置いておけばよいかをイメージできるようにする。

④ワークシートへ持ち物や時間等を記入する。

　板書したものをワークシートへ書き込む。

⑤しおりへ記入する。

　ワークシートに記入した中で重要なことを選んでしおりに書き込む。

　例 集合時間の上に，家を出る時間を記入。

⑥しおりを見ながら教師の質問に答える。

　例「持ち物は何ですか？」「いつ準備しますか？」答えを子供に板書させてもよい。

■指導のポイント

◇授業で使用したワークシートとしおりを保護者へも必ず見せるように伝えておくと共通理解が図れるので効果的である。

集合時間	出かける時間	
7時45分	7時25分	
持ち物	**いつ**	**だれが**
・リュックサック	前の日	自分
・水筒	当日	お母さん
・雨具	前の日	自分

ワークシート例

1 健康の保持
2 心理的な安定
3 人間関係の形成
4 環境の把握
5 身体の動き
6 コミュニケーション

(4)集団への参加の基礎

3 人間関係の形成
(4)集団への参加の基礎

46 ふわふわ言葉で風船バレー

準備 風船1個，ネット（スズランテープ等で代用可），評価用マグネットまたは数取器
時間 20分　　**形態** 小集団

■ねらい
相手を思いやる言葉をかけることができる。また，得意不得意にかかわらず，楽しんで参加することができる。

■指導の流れ
①ルールを確認する。
　・ふわふわ言葉を言った回数がポイントになるが審判に聞こえなければ無効。また，同じ言葉をずっと繰り返しても（「がんばれ，がんばれ，がんばれ」等）1ポイント。
　・必ず一人1回は風船を触ってから相手コートに入れる。
　・ネットの下を通ったり壁に当たったりしたらサーブから始める。サーブは1回ずつ交代。
②状況に合ったふわふわ言葉（よいプレーのとき「ナイス」「うまい」「すごい」等）を確認する。
③1回戦目の試合を行う。（1試合5分程度）
④ポイントの結果発表を見て，自分のめあてを決めたりチームで作戦を考えたりする。
　・どの言葉を意識して言うか，何回を目指すかなどを考えて発表する。
⑤2回戦目を行い，振り返りを行う。

■指導のポイント
◇事前に「ふわふわ言葉・ちくちく言葉（No.13）」を学習するとより効果的である。
◇数週間に渡って段階的に活動計画を立てる。必要に応じてパスの練習や目標回数を決めてラリーを行う日を設けるとよい。バレーに必死でふわふわ言葉を言うことが難しい子供も，回を重ねることで次第に言えるようになるため，焦らず励ますことが大事である。逆に，バレーの技能にこだわる子供が，うまくできない子供を責めることもあるが，同様に焦らず励ます。
◇子供の課題によって，チーム編成やふわふわ言葉の数え方を工夫する。
　例えば，大人対子供でチームを組むと，子供同士の絆が深まる。

ふわふわ言葉を促す

黒板にふわふわ言葉の数を記していく

47 復活ドッジ

3 人間関係の形成
(4)集団への参加の基礎

準備 ボール1個
時間 10分
形態 小集団

■ねらい

友達を応援したり，お礼を言ったりするなど，ゲームの中で場面に応じた言葉を交わすことができる。また，得意不得意にかかわらず，楽しんで参加することができる。

■指導の流れ

①ルールを確認する。
・当たったらコートの外に出て（または壁際で）座る。
・仲間が相手を当てるか，相手のボールを捕ったら，順番に一人ずつ復活できる。
　復活するときに必ず「ありがとう」と言う。
・制限時間がきたら，またはどちらかのチームが全員当たったらゲーム終了。

②状況に合ったふわふわ言葉を確認する。
③チーム分けをして試合をする（1試合5分程度）。
④振り返りを行う。

■指導のポイント

◇事前に「ふわふわ言葉・ちくちく言葉（No.13）」を学習するとより効果的である。
◇コートは外野をなくし，教室を二つに分けて壁に当たってもボールを拾えるようにした方がドッジボールが苦手な子供も参加しやすい。
◇それぞれのチームに教員が入り，当たった子供が復活しやすいように投げるボールを調節したり，子供が逃げるばかりではなく積極的に投げることができるようにあえて教員が当たったりするなど，環境をつくる。
◇振り返りのときには，仲間を応援したり，助けてもらったときにお礼を言ったりすることができたか，仲間を助けるために積極的にボールを投げることができたか，お礼を言われたときにどんな気持ちになったかなどを考えさせて，言葉がけの大切さを実感させる。

友達のために積極的にボールを取りにいく

3 人間関係の形成
(4)集団への参加の基礎

48 宝探しで言葉づくり

準備 文字カードやヒントカード 等，カードが入る小さめの封筒
時間 20分
形態 小集団

■ねらい
友達と協力して目的を達成する。また，ルールを理解して楽しく活動に参加する。

■指導の流れ
①あらかじめ指導者が教室内に小さな封筒に入れたカード（宝）を隠しておく。
（低学年には「文字カード」，高学年には「ヒントカード」の紙を入れる。）
②グループの子供たちがそれぞれ協力しながら，教室内のいろいろな場所を探して封筒を見つける。
③封筒の中の文字・ヒントカードを全員で持ち寄り，「文字カード」でできる言葉や「ヒントカード」をつきあわせて考えられるものなどを協力して考える。
　例　**低学年**：「らいおん」「とけい」　**高学年**：「じょうろ」等（下の写真を参照）
④全員で宝を見つけ，協力したことで言葉の答えが見つけられたことを伝える。

■指導のポイント
◇子供たちは「宝探し」という言葉からわくわく感が高まり，意欲的に活動に参加することができる。
◇低学年（1年生）は文字の入門期でもあるので，ひらがなやカタカナの1文字を探して並び替える形に，学年が上がるにつれて三つ以上のヒントカードをもとに答えを見つける形にすると，どの学年でも取り組むことができる。

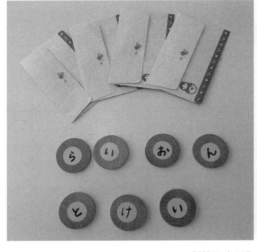 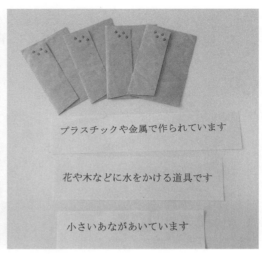

封筒の中に入れるカードの例

3 人間関係の形成
(4) 集団への参加の基礎

49 虹をつくろう

準備 七色のカード，話型カード
時間 20分
形態 小集団

■ねらい
一緒に学習するグループの子供及び担当教員に関心をもち，かかわろうとすることができる。

■指導の流れ
①全体のめあて「七色のカードをあつめよう」を確認する。
②活動の内容とポイントを説明する。
・子供と担当教員がそれぞれ色カードを何枚か持ち，仲間や先生とカード交換をして，すべての色カード（七色）を集める。
・カード交換の仕方，話し方の確認を事前に行う。
③それぞれが持つ色カードを決める（七人以下の場合は一人２枚持つ人がでる）。
・色が決まったら，黒板の同じ色名の下に自分の写真と名前カードを貼る。
④カードを交換し，七色すべて集まったら自席に戻り，カードを確認する。

■指導のポイント
◇個別の目標として，「自分から相手に声をかける」「相手の目を見て話す」等を提示するとよい。
◇教員がロールプレイで交換の仕方をやってみせることも効果がある。相手から声をかけてくるまで気付かぬふりをする例などがよい。
◇誰が何色を持っているのか確認できるように板書しておくとよい。
◇交換する際のやりとりにバリエーションをもたせる。
　例　自己紹介をしてから交換する。「私の名前は〇〇です。好きな□□は〜です」
　じゃんけんで勝ったら色カードがもらえる。負けても再度挑戦してよいことにする。負けが続いてしまう場合は，２回負けたらカードがもらえるというようにする。

写真と名前

活動の様子

〇年〇組の〇〇です。
好きな食べ物はピザです。
よろしくお願いします。

3 人間関係の形成
(4)集団への参加の基礎

50 協力して準備・片付けをしよう
（ゲートボール）

準備 ゲートボールのクラブ，ゲート，赤玉，置く場所がわかる絵，タブレット
時間 10分　　**形態** 小集団

ねらい
周囲の状況に意識を向けて，どのように行動したらよいか考えることができるようになる。

指導の流れ
①準備を始める前に，ゲートボールのゲートやクラブを教室のどこに置くか，「置く場所がわかる絵」を見る。
②準備を始める前に，置く場所がわからなくなったとき，どうすればよいか方法を考える（ヘルプサインを出す，再度絵を見る等）。
③5分で準備をする。その様子をビデオ（タブレット）で撮っておく。
④タブレットを見て準備している自分の動きでよいところ，友達の動きでよいところを発表する。
⑤教師から，準備しているときの子供のよいところを伝える。
⑥ゲートボールゲームを行う。
⑦片付けも①〜⑤と同様に行う。

指導のポイント
◇事前に協力するポイントを伝え，振り返りのときに子供がその観点で振り返れるようにする（「ぼくは〇〇を用意するね」と声かけをしてから行動する，みんなが異なるものを準備する等）。
◇振り返りのときは，お互いの顔が見えるように半円の形で子供を座らせるとよい。

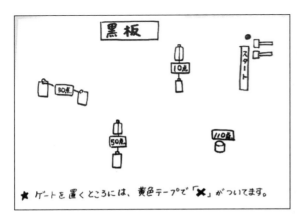
置く場所がわかる絵

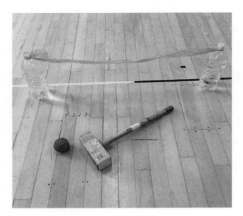
ゲートボールクラブ
ゲート，ボール（赤玉）

4 環境の把握
(2)感覚や認知の特性についての理解と対応

51 よくよく見よう

準備 文字一覧表，ワークシート

時間 15分　　　　　　　　　**形態** 個人・集団

■ねらい

形や文字の識別ができるようになる（主に低学年を対象とする）。

■指導の流れ

①内容の説明とめあてを確認する。

例 教師：「今日は "ね" の字を見つけます。間違えないようによく見てください。"ね" に似た字ってあるかな？」　子供：「"め"」「"れ"」「"ぬ"」

教師：「全部で8個です。同じ列に1個とは限りません」

②カード探しゲームを行う。

制限時間内に全員で指定された文字を探し出す。

・黒板に貼られた文字一覧表から，一人ずつ順番に前に出て指定された文字を取り出す。

・一つ見つけたら次の人と交替する。

・友達が気付いていない場合は教えてよい。その際，具体的に方向で伝えるように指導する。

例 「違う，違う」ではなく，「右」「上の方」などの言葉がけ。

③結果発表，振り返りを行う。

早く見つけ出した子供から見つけ方を聞いてお互いに参考にする。

④2回戦目を行う。結果発表と振り返りも行う。

【アレンジ】ワークシート版

ワークシートによる文字・形探しゲーム（カード探しゲームとは別の時間に行う）。

①制限時間内に指定された文字または形に丸をつける。見直しをするように促す。

②答え合わせを行う。

一人ずつ，「○列目の何行目です」と答えを発表する。

■指導のポイント

◇似た文字の想起が容易になり，どこが異なるのかと子供が説明できると，書くときにも意識できるようになる。

◇フォントは教科書体を使用するとよい。

8	7	6	5	4	3	2	1	
あ	え	く	ね	な	ぬ	ふ	い	1
ね	ぬ	み	け	も	て	こ	ね	2
ん	れ	い	た	ね	う	れ	す	3
ほ	さ	ゆ	ね	せ	ほ	る	ろ	4

ワークシート例

4 環境の把握
(2)感覚や認知の特性についての理解と対応

52 ふくわらい

準備 ふくわらいセット，アイマスク
時間 20分
形態 集団

■ねらい
触覚・聴覚，空間認知の力を養う。

■指導の流れ
①ふくわらいを始める前に，顔全体と顔にあるパーツの位置を確認する。
友達と向かい合ってお互いの顔を見る。自分の顔と各パーツを触ってみる。
②グループに分かれて，ふくわらいセットの中身を見たり触ったりして形を覚える。
③ふくわらいに挑戦する。
同じグループの子供は声をかけて正しい位置へ誘導する。その際，アイマスクをしてふくわらいをしている子供と同じ向きに位置し，具体的な方向を伝えるようにする。
④完成したものを見て，振り返りを行う。
ふくわらいを行った子供は，パーツの渡され方や声のかけ方で分かりやすかったのはどんなものだったか，どうしたらもっと理解しやすかったかなどを発表する。

■指導のポイント
◇アイマスクを装着することに抵抗のある子供へは無理強いしない。目をつぶって行うことも許可する。
◇「もう少し上（右）」と指示されたときに，その場から手を離しリセットした状態になってしまわないように，起点に手を置いたまま，そこから上（右）に動かすように教師が補助するとよい。

木工用ボンドを使って輪郭を縁取り
浮き彫りにして制限枠を示す

同じ向きに位置することで
正しい方向を指示しやすい

4 環境の把握
(2)感覚や認知の特性についての理解と対応

53 フライングゲーム

準備 足下まで目隠しされている衝立2枚，飛ばす物（スプーン，のり，黒板消し，キャラクターの人形，時計などの文房具や玩具類）

時間 15分　　　　　　　　　　　　**形態** 個別・小集団

■ねらい
周りの刺激に振り回されずに，集中して注目することができる。また，飛んでいる物を目で追って，見える向きが変わっても識別することができる。

■指導の流れ
①ルールを確認する。
　・衝立の間を物が飛ぶので，その物の名前を答える。
　・答えが分かったら，挙手をして指されてから答える。
　・分からなかったら「もう一度お願いします」と依頼する。
②ゲームを行う。

■指導のポイント
◇衝立の間の距離を最初は狭くして行う。また，投げる速さを速くしたり，あえて物が回転するように投げたりして，簡単には分からないようにする。数回見ても分からずに子供が困ってきたら，どうしたら分かるか，どうしてほしいかを考えさせ，言葉で依頼させる。
　例 「ゆっくり投げてください」「間を広げてください」等
◇子供が座る位置に配慮する。衝立から1.5～2ｍ程度離れるとよい。
◇「いくよ」などという声はかけず，いつどのタイミングで物が飛ぶか分からないようにすることで，注目し続けることを意識付ける。
◇得意な子供がいる場合には，みんなの前で発表させずに小声で耳打ちさせるなどして，まだ答えが分からない子供も楽しめるように配慮する。
◇飛んでいる物を目で追うので「5 身体の動き (5)作業に必要な動作と円滑な遂行」の追従性眼球運動と関連付けて指導する。

衝立の間を物が飛ぶ

4 環境の把握
(3)感覚の補助及び代行手段の活用

54 苦手な音や光から逃げよう

準備 楽器，CDラジカセ，紅白帽や校帽，衣類，手袋やマフラー 等
時間 15分
形態 個別

■ねらい
自分にとって苦手な感覚を知る。また，発生の理由や仕組みを理解し，少しずつ受け入れられるようになる。

■指導の流れ
①めあてを確認する。
　環境を工夫したり，配慮したりすることで，勉強する意欲がもてるということを伝える。
②感覚別の刺激を感じてみる。
　例 音→楽器の音（リコーダー，鍵盤ハーモニカ，複数の楽器を合わせた音），音量加減，換気扇やファンの音，人の声のトーン，赤ちゃんの泣き声，工事の音 等
　　光→窓から入る日の光，蛍光灯，電気を点けたときと消しているときの状態，色別 等
　　素材→半袖・長袖シャツ，帽子，帽子のゴム 等
③感覚別に自分にとって苦手，受け入れがたいものがあったか発表する。
　学校や日常生活のどのような場面で起こるのか考えてみる。そして，その場面に出会ったらどうすればよいのかも考えてみる。→お助けグッズの活用とリンクさせる。
④少しずつ慣れていく練習をする。
　例【聴覚過敏の場合】選択的聴取が難しいため，ゲームを通して選択的聴取ができるように学習を行っていく。「ステレオゲーム」「聖徳太子ゲーム」（下図）：複数人が一斉に別々の単語を発し，指定された人の言った単語を言い当てるゲーム。

■指導のポイント
◇音の発生理由や仕組みを知ることで，我慢できないという気持ちから「赤ちゃんだから泣くのは仕方ない」「ずっと続くわけではない」など，自分なりにおさめられる場合もある。

4 環境の把握
(3)感覚の補助及び代行手段の活用

55 お助けグッズを使おう

準備 イヤーマフ，耳栓，衝立，カーテン，固定クッション，椅子用傾斜台，滑り止めシート，足置き台（ジョイントマット）

時間 5分　　**形態** 個人・集団

■ねらい
補助具を上手に使用して音に対する敏感さへの対処方法を知る。

■指導の流れ
①活動に入る際に，教師が補助具使用の有無を問う。

例「聞くトレーニングをしますが，教室の換気扇や校庭から聞こえる声が邪魔して集中しにくい人はいますか？」
「他の人が気になって作業に集中できない人はいますか？」
「どうしても体が動いてしまう人はいますか？」

②補助具が必要と挙手した子供へ補助具を貸し出す。または子供が自分で用意する。

例　外部からの音に対して→イヤーマフ，耳栓　　周囲の刺激→衝立，カーテン
体の動き→座位固定クッション，傾斜台，滑り止めシート，足置き台

③活動中，活動後に自己評価，または教師が評価する。
使用していることでどのような効果が表れているかを具体的に評価する。

例　教師：「体が動いていなかったからきれいに字が書けたね」
子供：「うるさくなかったからそれなりに集中して聞くことができたような気がする」

■指導のポイント
◇補助具を使用することが有効だという実感を味わわせた上で，子供自ら使用したいと申し出るよう継続的に指導する。

◇通級の指導の場面では積極的に使用するが，在籍の学級ではなかなか使おうとしないケースも多い。自分がどのような環境下であれば力が発揮できるかを知ることが大切なため，行事や学級の学習場面で無理に使用を促したり強制したりするようなことは避ける。

おりたたみシールド
（株式会社鈴盛商会）

イヤーマフ
（PELTOR）

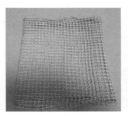
滑り止めシート
（株式会社大創産業
（ダイソー））

ジョイントマット
（株式会社大創産業
（ダイソー））

「2018年版　保育・特別支援カタログ」（新日本教文）より購入

4 環境の把握
(4)感覚を総合的に活用した周囲の状況についての把握と状況に応じた行動

56 人文字ゲーム

準備 文字カード，ミニホワイトボード，デジタルカメラ，タブレット端末
時間 30分
形態 個人・集団

■ねらい
文字の構成を知る（主に低学年を対象とする）。

■指導の流れ
①内容の説明をする。
　二人組になり，体を使って一つの文字を表すゲームをするという説明をする。
②教師が見本を示す。（相談の様子・体を使って二人一組で文字を構成する様子）
　例 「水っていう字じゃない？」「木だよ」「ホじゃない？」
③ポイントを指導する。
　お題の文字カードを見て，どのように文字が構成されているかよく見る。
　二人の体を使って文字を表すとしたらどのように工夫するとよいか，ホワイトボードを使っていろいろ描いてみる。
　出題するときの向きに注意する。鏡を使って逆向きになっていないか確認する。
④ペアを発表し，相談タイムをとる。
　例 「赤と黒に線を分けて（ホワイトボードに）描いてみよう」「頭が見えない方がいいね」
　デジタルカメラやタブレット端末で撮影し，確認するとよい。
⑤人文字クイズを行う（2回戦）。
　順番に出題する。文字づくりをしているところから見せるようにする。
　正解したら出題チームからどのような点を工夫したかを発表する。解答側チームからも，出題した文字構成とは別のアイデアがあれば意見を出す。

■指導のポイント
◇タブレット端末などで撮影すると，自分たちの姿を客観的に確認することができ，よい効果がでる。

ホワイトボードへ構図を描く場面　（例：漢字「土」）

4 環境の把握
(4)感覚を総合的に活用した周囲の状況についての把握と状況に応じた行動

57 船長さんの命令ゲーム

準備 なし
時間 10分
形態 集団

■ねらい
自分の身体に対する意識を高めながら、自分の身体を基点とした位置、方向の概念の形成につなげていく。

■指導の流れ
①横一列、または内側を向いて円を作る。
②ルールを説明する。
　船長役の人が「船長さんの命令で……」と言った後だけ動作を行う。
　船長さんの命令以外で動作を行ったらアウトになる。
③ゲームを開始する。はじめは教師が船長さん役をする。
　例 「先頭さんの命令で、右手を上げてください」など、船長さん以外の命令をする。
　「船長さんの命令で、右手を上げてください」と言った後、「手を下ろしてください」と言うなど、「船長さんの命令」を言わずに命令する。
④何回か続けた後、船長さん役を交替して行う。

■指導のポイント
◇間違ったとしても、継続して参加させてもよい。
◇コミュニケーション場面をつくるようにし、「船長さんの命令で、右隣の人と握手する」などを入れると楽しい。
◇船長さんの命令にバリエーションをもたせると、子供が船長さん役を楽しみにして意欲的に参加するようになる。

4 環境の把握
(4)感覚を総合的に活用した周囲の状況についての把握と状況に応じた行動

58 矢印体操

準備 矢印カード
時間 3分
形態 個別・集団

■ねらい
ビジョントレーニングを行うことで，見たものを素早く判断できる土台をつくる。

■指導の流れ
①起立する。
②自分の位置から黒板に貼ってある「矢印カード」が見える位置に移動する。
③矢印体操をスタートする。
　a 一つの矢印が描かれたカードの場合：両手を合わせた状態で，教師が提示した矢印カードと同じ向きに腕を伸ばす。
　b 一覧表の場合：両手を合わせた状態で，教師が指し示した矢印に合わせてテンポよく同じ方向に腕を伸ばしていく。
慣れてきたら，子供は腕を伸ばすと同時に，方向を声を出して言うようにする。

■指導のポイント
◇一つの矢印だけのもの，あるいは一覧表になっているもの，どちらを使用するかは子供の実態によって使い分けるとよい。
◇一覧表タイプの場合，縦に見ていくか，横に見ていくかはその都度変えていくようにする。ランダムで指し示すことはせず，リズムよく自然に目で追従していく練習にすると音読などにも効果的である。

a
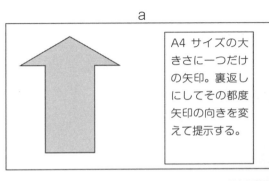

b
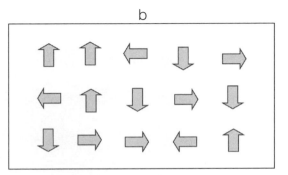

教師が掲示するカード例

〈参考文献〉北出勝也著『学ぶことが大好きになるビジョントレーニング』図書文化

4 環境の把握
(5)認知や行動の手掛かりとなる概念の形成

59 折り紙

準備 折り紙，折り紙の本
時間 25分
形態 個人

■ ねらい
手順表を見ながら作業をすることで，順序の概念を形成する。

■ 指導の流れ
①本時で作る折り紙（例えば魚や船など）を本から選ぶ。
あらかじめ教師が複数の候補を挙げておき，その中から自分が挑戦したいものを選択する。
例 「これは作ったら遊べそう」「(折る工程が) 12番まであって大変そう」

②折り紙を用意する。
自分の好きな色やイメージに合う色の折り紙を2枚用意する。

③教師と一緒に本を見ながら折る。
教師は子供の隣に座り，同じ向きになるようにする。難しいときは教師が補助する。
1回ずつ折ったら次の手順の図と同じ形・向きになっているか確認しながら折り進める。
例 「端をぴったり重ねる」「左手で押さえて右手はアイロンがけ（しっかり折り目をつける）」「人差し指を入れて開く」

④1回目の完成。2回目は一人で本を見ながら折る。
見通しをもちながら進め，分からなくなったら一つ前の手順とその次の手順を見比べながら進めるよう助言する。

⑤自分の好きなものを折る。
時間に余裕があるときや，やりたい気持ちがあるときは自分の好きなものに挑戦する。

■ 指導のポイント
◇きれいに仕上げることが難しい子供が多いので，簡単な作品でも「ぴったり」「アイロンがけ」など，言葉と行動を対応関係にしていくとよい。

折り紙ケースを透明の袋に入れて保管

4 環境の把握
(5)認知や行動の手掛かりとなる概念の形成

60 人間コピー

準備 見本となる絵や写真，画用紙，色鉛筆

時間 25分　　　　　　　　　**形態** 集団

■ねらい

見たことを覚え，頭の中で整理して再現したり説明したりすることができるようになる。

■指導の流れ

①二，三人のグループ分けをする。

　グループに1枚画用紙と色鉛筆を用意する。

②ルールを説明する。

　例「今日はみなさんがコピー機になるゲームをします」

　　「廊下に1枚の絵が貼ってあります。その絵を見てきてそっくり同じ絵を描きます」

　　「見に行くのは一人ずつ，何回見に行ってもよいです。見に行くときは何も持っていきません」

③作戦タイムをとる。

　順番決めや一人が見に行く時間などを話し合う。

④ゲームを開始する。制限時間は10分で見てきた絵を思い出して描く。

⑤ゲームを終了し，みんなで鑑賞する。

　できた作品を前に持ってきて貼り，全員で鑑賞する。

　上手に仕上がっているグループから作戦やコツを聞いてみる。

⑥2回目を行うための作戦タイムをとる。

　例「同じところを見ないで，見る場所を決めよう」「私は覚えるのが苦手だから，少しがいい」

　　「色塗りは待っている人が手伝いながら塗ったらどう？」

⑦2回目のゲームを開始する。

⑧ゲームを終了し，みんなで鑑賞する。

　一人ずつ感想や気付いたことを発表する。

■指導のポイント

◇エンカウンター的要素も多く含まれているので，「6　コミュニケーション」と関連付けて指導するとよい。

----

1 健康の保持

2 心理的な安定

3 人間関係の形成

4 環境の把握

5 身体の動き

6 コミュニケーション

(5)認知や行動の手掛かりとなる概念の形成

73

4 環境の把握
(5)認知や行動の手掛かりとなる概念の形成

61 なぞなぞ推理

準備 なぞなぞ，クイズの本，○×ブザー

時間 15分　　　　　　　　　　　　**形態** 個別・集団

■ねらい

知識を統合して思考・判断・推理する力を養う。

■指導の流れ

①めあて「なぞなぞをしよう」となぞなぞの考え方のコツを説明する。

例 「今日は問題の中にヒントが隠れているからよく聞いてください」→語彙力

「頭でイメージしながら聞いてください」→想像力

「大体みなさんが知っているもの」→知識（カテゴリー，概念）

②出題と解答を確認する。

分かった人は挙手して，指名されるまでは答えを言わない。

例 **教師：**「アリが10匹いました。なんと言ったでしょうか？　○○さん，どうぞ」

子供：「ありがとう！」　**教師：**「正解！」

③解説する。

一題終えるごとに簡単に解説を行うことで，分からなかった子供が理解することができ，次の問題で考えやすくなる。

④数問繰り返す。

同じ傾向の出題を行う。

⑤まとめを行い，次回に向けての予告を行う。

正解数を確認し，感想を発表する。

次回は自分たちでなぞなぞの問題づくりをすることを予告する。

■指導のポイント

◇語彙力を問うような出題は板書して解説すると分かりやすい。

◇カテゴリーや概念に関する問題になると子供の生活経験や知識にもかかわるので，たとえ身近なものでも正解しにくい子供も多い。また，想像力を要する問題は，次頁で紹介する「スリーヒントクイズ（No.62）」の手掛かりにもなるので丁寧に解説するとよい。

62 スリーヒントクイズ

4 環境の把握
(5)認知や行動の手掛かりとなる概念の形成

準備 絵カード，○×ブザー
時間 20分
形態 集団

■ねらい
　知識を統合して思考・判断・推理する力を養う（主に低学年を対象とし，カテゴリーと類推を目的とする）。

■指導の流れ
①前頁で紹介した「なぞなぞ推理（No.61）」を振り返る。
　例題を出して思い出す。
②ルールを説明する。
　例「一つずつヒントを言うので，正解だと思う絵カードを何枚か選ぼう。」
　　「二つ目のヒントを聞いて，選んだカードの中からさらに絞ろう。」
　　「三つ目のヒントを聞いて，正解だと思うカードを1枚選ぼう。」
③スリーヒントクイズを開始する。
　三つのヒント聞き，カードを絞り込んで1枚の正解カードを選択する。
④正解を紹介し，解説する。
⑤数問繰り返す。
⑥感想の発表と次回に向けての予告を行う。
　次回は自分たちで問題作成を行うことを予告する。

■指導のポイント
◇子供が自ら質問して答えを絞っていくクイズ「15のトビラ（No.91）」に発展させていくとバリエーションが広がる。
◇解答の選択肢を絵カードの中から選ぶようにすることで，答えを絞り込んでいく作業を頭の中で行うだけでなく視覚化できるため，効果的である。

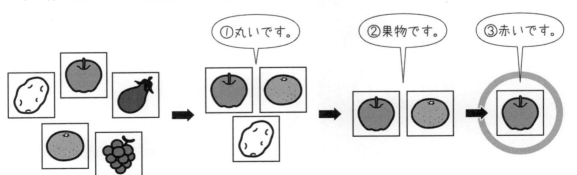

4 環境の把握
(5)認知や行動の手掛かりとなる概念の形成

63 ピクチャーゲーム

準備 ホワイトボード（各自が持てるサイズ），ホワイトボードマーカー
時間 20分
形態 小集団

■ねらい
図形を正しく認識し，相手に分かりやすく伝えることで，相手の視点に立つことができるようになる。

■指導の流れ
①グループの中の一人が図形を他の人に伝える役になり，他の人は手元のホワイトボードに描く役になる。

②あらかじめ決めておいた図形（円や三角，四角などを組み合わせた形）（下の写真を参照）を他の人に見えないように見ながら，言葉で伝える。

　例　はじめに，上の方に小さな三角を描きます。その三角の下に丸を描きます。その丸の下に同じぐらいの大きさの四角を描いてください。最後に三角の図形のてっぺんから線を引いてください。

③全員が描き終わったら見本の絵を提示し，見比べる。言葉で形を伝えることの難しさを確認して，見本により近くなるよう伝える方法を一緒に考える。

■指導のポイント
◇言葉だけで絵のイメージを伝えるのは難しいので，伝える観点をはじめに伝えておくとよい。
　例　紙のどのあたりに描くのか（位置，大きさ，形の向き等）。

◇伝える側と，聞いて描く側の受け取り方によって違いが出てくるため，できあがった絵の善し悪しを言うのでなく，伝えるときに難しかったところや感想などを出し合うとよい。

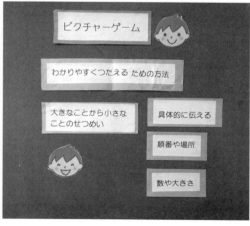

板書イメージ

絵の例

4 環境の把握
(5)認知や行動の手掛かりとなる概念の形成

64 地図で遊ぼう

準備 地図（建物や曲がり角がはっきりわかるもの），自分に見立てた駒 等
時間 15分　　　**形態** 個別

■ねらい
地図を使い，目で確認しながら耳から聞いた通りに目的地に進んでいくことを楽しむ。また，そのことを通して，言語による指示の理解，空間認知の力を養う。

■指導の流れ
①活動のめあて「聞いた通りに正しく進むとゴールにたどり着けること」を知る。
②地図を見て，どのような情報が示されているか，位置等を教員と一緒に確認する。
　例 「ここに学校があるね」「コンビニを出て横断歩道を渡ると，本やがある」等
③スタート地点を決めて駒を置き，指示を出す。
　例 「パンやからこうえんに行くには，最低何回道路を渡るでしょうか」
④正しく駒を進められ，ゴールできたことを評価する。
⑤慣れてきたら教員と役割を交代し，子供が指示を出す。

■指導のポイント
◇上下左右で迷う子供には，進む向きに自分が立ってみたり，駒を自分に見立てて視点を確かめたりしながら進めるように指導する。
◇自分で地図の中の建物やお店を描かせたり，複雑な地図を描いたりして，子供の実態に合わせて変化させることができる。
◇東西南北の位置の学習ができる。
◇駒を複数にすると，説明がより複雑になり，内容の理解の難易度が上がる。

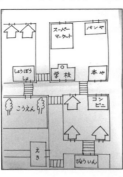

地図の例

〈参考文献〉月森久江編『教室でできる特別支援教育のアイデア172　小学校編』図書文化

4 環境の把握
(5)認知や行動の手掛かりとなる概念の形成

65 新聞紙遊び

準備 新聞紙，ほうき，ちりとり，ごみ箱，バケツ
時間 15分
形態 小集団

■ねらい
新聞紙を使って，身体を大きく使う活動，指先を使う活動を，友達とのかかわりを意識しながら行う。

■指導の流れ
①活動のめあて「自分の身体の使い方を意識する，友達とのかかわりを意識する」を知る。
②新聞紙を大きく使い，一人で新聞紙にくるまる。
③新聞紙1枚の両端をそれぞれ持ってもらい，体当たりやパンチなどで真ん中を突き破る。
④破れた新聞紙を両手で丸める。
⑤新聞紙を小さくちぎり，バケツに集める。
⑥バケツの中の細かくちぎった新聞紙を，一斉にばらまく。
⑦ばらまいた新聞紙をほうきで掃き，集めた新聞紙をちりとりで取るなど分担・協力して行う。
⑧ねらいに沿った活動ができたか振り返る。

■指導のポイント
◇活動に見通しをもたせるため，流れと手順を掲示しておき，いつでも確認できるようにする。
◇安全な道具の使い方，効率のよい作業手順，みんなで公平に作業ができる分担を提示して作業する。
◇前段の活動として，「兜」や「紙てっぽう」などを新聞紙で折り，材料に親しんでおくとよい。

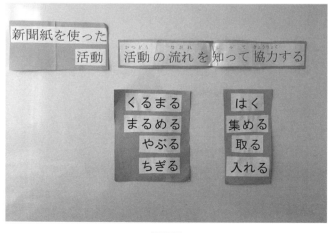

板書例

4 環境の把握
(5)認知や行動の手掛かりとなる概念の形成

66 優先順位！集団生活バージョン

準備 SSTの絵カード

時間 30分　　　　　　　　　**形態** 小集団

■ねらい

「優先順位」という言葉の意味を知り，状況に合わせながら優先順位をつけて活動できるように
なる。

■指導の流れ

①全体のめあてと個々のめあてを板書し，確認をする。

　めあて(1)優先順位の意味を理解しよう。

　めあて(2)状況に応じた判断をし，優先順位をつけよう。

②「優先順位」という言葉の意味を知っているか確認する。

　学校や学級という，集団で行動・生活する場面では，自分のことは最低限だけ行い，周囲に
　合わせて動くことが大切であることを理解する。

③「こんなことありませんか？」と題し，学級内での子供たちの様子を例として挙げ，困った
　ことを実感させる。

④実感できたところで，「こんなときどうすればよい？」としてどうすればよかったのか意見
　を出し合い，一番よい方法をみんなで考える。

⑤SSTカードを用いて何問か練習する。

　市販のSSTカード（ことばと発達の学習室Mのものを用いた）の絵の状況を確認し，理由
　と共に優先順位をつけさせる。

⑥答え合わせを行う。

⑦実践する。ゲームを行う際の準備・後片付けの優先順位をつけさせる。

■指導のポイント

◇状況に応じた優先順位が求められることに気付かせるため，状況を確認し，何を優先すべき
　かを確認する。

どんな流れで準備するか考えよう

ポイント どの順番でだれがやるのが一番早く片付けられるか？

Ａ：必要のない机を片づけたり，使う机を用意する

Ｂ：ゴルフクラブをスタートに用意する

Ｃ：ボールをスタートに用意する

Ｄ：ペットボトルを3かしょにおく

Ｅ：ケンステップをゴールにおく

Ｆ：ヨガマットを待つ場しょにおく

優先順位をつけよう

1 健康の保持

2 心理的な安定

3 人間関係の形成

4 環境の把握

5 身体の動き

6 コミュニケーション

(5)認知や行動の手掛かりとなる概念の形成

5 身体の動き
(1) 姿勢と運動・動作の基本的技能

67 正しい姿勢で座ろう

準備 補助具（ハートリーフクッション他），傾斜棒，足置き台，滑り止めシート
時間 5分
形態 個別・小集団

■ねらい
補助具を使用して姿勢保持ができる。

■指導の流れ
①授業の開始前，または活動の開始前に補助具を準備する。
②着席姿勢の確認。
　教師または子供自身がハートリーフクッションをセットして安定した座り心地を確認する。
③補助具をつけた状態で活動を行う。
　5分程度経ったら子供の判断で外してもよい。
　動かずに着席できていれば，教師はその都度，着席姿勢のよさなどを評価する。
　例「○○さん，姿勢がいいですね」「身体が動かなかったので字が丁寧に書けていますね」
④毎回の授業で繰り返し行う。

■指導のポイント
◇慣れるまでは姿勢矯正による疲れが見られるので，短時間から始める。
◇無意識に身体が動いてしまい，注意を受けてしまう子供が多いため，できるだけ着席姿勢をうまく保持できている状態で評価し，自己肯定感を高めるようにする。また，姿勢が整うことで注意・集中できるという経験も味わわせるようにする。
◇自己肯定感が高まってくると，子供自らが補助具の使用を申し出てくるようになる。
◇座っている椅子から姿勢が崩れて滑り落ちないよう座面に滑り止めシートを敷いたり，足の裏を床につけるための足置き台シートを敷くのもよい。

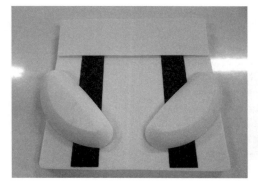
ハートリーフクッション
（パシフィックサプライ）

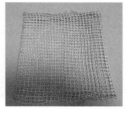 
滑り止めシートと足置き台シート
（いずれも株式会社大創産業（ダイソー））

68 バランスクッション

準備 バランスクッション（二つ）
時間 10分
形態 個別

■ねらい
体幹を鍛えたり，バランス感覚を養ったりする。

■指導の流れ

【着席した状態で使用する場合】（短時間でよい。）

朝の会や話を聞くときに，椅子の上にバランスクッションを置き，その上に座る。

できるだけ足を閉じ気味にして，お腹に力を入れるようにする。足裏が床につけられる高さにする。

【教師とトレーニングを行う場合】

①バランスクッションを二つ用意し，教師は向かい合わせになる。

②両足バランスを行う。

一つのバランスクッションの上に片方ずつゆっくり足を乗せ，両足で立つ。

足首や膝を使いながらバランスをとり，落ちないように30秒間維持する。

難しい場合は教師が正面から両手を出して補助する。

③片足バランスを行う。

バランスクッションを一つ用意し，軸足となる足をクッションの中央に乗せる。

安定した場所を見つけたら，もう片方の足を床から離し，片足でバランスをとる。10～15秒維持する。できるようなら反対の足も行う。難しいときは教師が正面から補助する。

④スクワットを行う。

バランスクッションを二つ用意する。片足ずつ足を乗せて立つ。背中を伸ばしたままゆっくり腰を下ろし，膝を曲げてスクワットを10回行う。

■指導のポイント

◇その他様々なトレーニング法があるので，慣れてきたらバリエーションを増やしていくとよい。

バランスクッション（MRG）

5 身体の動き
(1)姿勢と運動・動作の基本的技能

69 ヨガ

準備 ヨガマット

時間 10分　　　　　　　　　　　　　　**形態** 個別・小集団

■ねらい
姿勢や身体部位を意識しながら体を動かす。集中力や筋力をつける。

■指導の流れ
①各自ヨガマットを準備し，裸足になる。

　身体が無意識に動く，声を出す子供がいたら，教師が軽く触って身体の揺れに気付かせる。

　静かに呼吸を繰り返すことで身体に意識を集中させる。

②手首，足首，首のストレッチを行う。

③正座をして目をつぶり，教師の声かけに合わせて鼻呼吸を繰り返す。

　例「鼻から息を吸って，鼻から吐く」「吸って1，2，3，4　吐いて5，6，7，8」

④ポーズをとる。

　初めてのポーズは教師が見本を示す。

　指示に合わせてポーズの姿勢をつくり，10秒間静止する。

　複数のポーズを行う。その間，子供は話をしない。

　ぐらついてバランスがとりづらいようなら教師が補助する。

⑤全ポーズが終了したら，仰向けの状態になり目をつぶってリラックスする。

　部屋の電気も消して，子供は身体を動かさない。動いている場合は，教師が動いている部分
を指で触り，気付かせる。

⑥ヨガマットを片付ける。

■指導のポイント
◇目的に合わせたテーマを決めて，一定期間は同じポーズを繰り返し行うようにすると，見通
しがもててよい。

　例 筋力をつける，リラックスする，集中力を高める。

◇テンポを大切にして，教師の声かけと指示のみで流れるように行えるとよい。

◇ヨガマットの上に立つとバランスが保ちにくい子供は，床の上で行うとバランスがとりやす
い。

◇教室環境に配慮する。気が散るものは目に入らないようにする。

〈参考文献〉深堀真由美著『元気でおりこう！キッズ・ヨガ』大和書房

70 ぐにゃぐにゃ平均台

5 身体の動き
(1)姿勢と運動・動作の基本的技能

準備 平均台（写真使用品販売元：DANNO），お手玉4個，お盆，ピンポン球，マーカーコーン 等
時間 10分
形態 個別・小集団

ねらい
バランスを保って平均台の上を歩行することができる。

指導の流れ
①様々な形の平均台を最後まで落ちないように渡る。
②次に踏む平均台のパーツの色を言いながら進む。
③二つ先（次の次）の平均台のパーツの色を言いながら進む。
④平均台の途中に落ちているお手玉を，平均台から落ちないようにしゃがんで取る。
⑤平均台の上に置かれたマーカーコーンを跨いで進む。
⑥片手でお盆を持ち，その上のピンポン球が落ちないように進む。
⑦隣で歩く人（教員）のペースに合わせて進む。

指導のポイント
◇子供の実態に合わせて無理なくゴールできる距離を設定する（3m前後）。
◇平均台の上を歩くことで前庭覚と固有覚が刺激される。
◇平均台の上を駆け抜けて勢いでゴールをする子供がいるが，体の傾きを感じてバランスをとろうと意識させることが大切なので，速さでごまかさないよう様々な仕掛けをする。
◇速さにこだわりがある子供は，相手のペースに合わせることを目標にする（上記⑦）。そのとき，隣で歩く教員はあえてゆっくり歩く。
◇小集団活動で行うときには，平均台の上で「どんじゃんけん」を行っても楽しめる。

④お手玉拾い　　　⑤コーン跨ぎ

⑥お盆に乗せて運ぶ

5 身体の動き
(1)姿勢と運動・動作の基本的技能

71 人間ボウリング

準備 スクーターボード（写真使用品販売元：内田洋行），空のペットボトル15本，床の印用のビニールテープ等
時間 15分
形態 個別・小集団

■ねらい
　スクーターボードの上で頭と足を宙に浮かせ，体を真っ直ぐに伸ばした姿勢を保持することができる。また，狙った方向へ向かって両足同じ力で壁を蹴ることができる。

■指導の流れ
①スクーターボードに腹這いで乗り，壁を蹴る練習をする。
　・平泳ぎのかえる足をイメージさせるとよい。
　・はじめは腕を前方に突き出し，体を一直線に伸ばした姿勢保持を目指す。
　・目標地点に達しなくても手で漕がない。（タイヤの下に手が入り込む可能性があるため。）
②ペットボトルを並べ，ボウリングの準備をする。
③順番と回数，または時間を決めてゲームをする。
④点数を足して合計を出す。

■指導のポイント
◇スクーターボードに姿勢よく乗り，真っ直ぐ進むことを意識させることで，前庭覚と固有覚が刺激される。倒したピンの数よりも，姿勢の保持が重要である。
◇ピンを倒すために腕を開いてもよい。ピンの幅は両腕を伸ばした長さよりも広くする。
◇気が焦ってしまい，壁をしっかり蹴ることができないことがある。最初に体勢を整えることがコツだと伝えた上で，膝を曲げて足の裏が壁に付くように補助する。
◇蹴るときには，手はスクーターボードの脇を握るように指導する。手を床に置くと，タイヤの下に入り込んでしまうことがあるため，充分注意を払う。
◇ボードに乗る位置も重要になる。バランスよく乗れる位置を子供に模索させるとよい。
◇チーム戦で行うと，仲間を応援したり励ましたり，喜び合ったりすることができ，「3　人間関係の形成　(4)集団への参加の基礎」と関連を図ることができる。

体の軸を真っ直ぐにする

ピンを立てるのも協力

5 身体の動き
(3)日常生活に必要な基本動作

72 ボタン早押し

準備 数字シールを貼ったマグネット（1〜20番程度），タイマー，黒板（ホワイトボード）
時間 5分
形態 個別・小集団

■ねらい
目と手の協応動作を高める。

■指導の流れ
①小集団で行う場合は順番を決める。
　順番の決め方も子供が自分たちで決める。
②それぞれの場所へ移動する。
　1番の人は机にうつ伏せになり，黒板を見ない。2番の人は黒板（ホワイトボード）に描かれた枠内にマグネットを自由に貼る。3番の人はタイマーを持つ。
③ゲームを開始する。
　2番の人の合図で1番の人がスタートする。1〜20までの数字マグネットを順番に素早くタッチし，すべて終えたら着席する。3番の人は計測係。審判は教師が行う。
④結果を発表する。
　タイムを板書して発表し，次の人に交替していく。

■指導のポイント
◇授業のウォーミングアップとして行うと，参加意欲が高まってよい。
◇マグネットの数は子供の実態に応じて増減させる。また，マグネットの大きさも，見やすい大きめのマグネットから始めるとよい。
◇慣れてきたら昇順だけでなく，降順，3の倍数を押すなどルールを変更していってもよい。
◇ノートへの記述や教科書の音読を苦手とする子供には，ミニホワイトボードを用いて，机上で行える範囲で同じゲームを行うと効果的である（「数字タッチ（No.73）」）。

73 数字タッチ

5 身体の動き
(3)日常生活に必要な基本動作

準備 黒板またはホワイトボード，1～50の数字カード（5cm四方，裏にマグネットをつける）
時間 5分
形態 個別

■ねらい
　数字カードを集中して見続け，順番にタッチすることができる（跳躍性眼球運動）。また，数字の向きが変わっても認識することができる（視空間認知能力）。

■指導の流れ
①タッチする数と目標タイムを確認する。
②教員が数字カードを黒板に貼る。
　・約1m四方の中にバラバラに貼る。
③タイムを計測しながらトレーニングを行う。

■指導のポイント
◇一定期間，または十分な効果を得られるまで継続してトレーニングする必要がある。
◇はじめは1～20程度から行い，次第に数を増やしていく。
◇実態に応じて飽きないように，指定する数を変える。ただし，難しすぎるとやる気がなくなったり集中力が途切れたりするので，子供の様子をよく観察する。
　例　奇数，偶数，○の倍数，大きい方から
◇ひらがなやカタカナでアレンジすることもできる。
◇ホワイトボードに貼って立ったまま，机に並べて着席して行うこともできる。
◇数字や文字の向きを横や逆さにすることで，視空間認知能力のトレーニングにもなる。
◇「ボタン早押し（No.72）」と関連させて指導するとよい。

数の量や密度に配慮する

着席して行うことも可能

5 身体の動き
(3)日常生活に必要な基本動作

74 メモ帳作り

準備 再利用紙，木工用ボンド，ハサミ，カッターナイフ，クリップ，色画用紙，色鉛筆 等

時間 30分　　　　　　　　　　　　　　　**形態** 個別

■ねらい

　目と手の協応動作がスムーズにでき，手指の巧緻性を高め，一定時間持続して作業を行う力をつける。

■指導の流れ

①作業内容や工程を説明し，全体のめあて「プレゼントをしたい人のことを思って作ろう」を確認する。

【作業工程】

　紙を折る→線に沿って切る→表裏を揃え20枚ずつの束にする→背になる面にボンドを付け，クリップで固定する→表紙を作る→表紙をメモ用紙に貼る

②板書してある必要なものを確認して準備する。

　整理整頓，片付けの学習と関連付けて指導する。

③作業を開始する。

　一工程ずつ教師が手本を示し，ポイントを伝える。

　カッターナイフの刃の向きや当て方，メモ用紙として使用するため用紙をきれいにしておくこと，ボンドの量 等

④片付ける。

　ボンドで固めている間に，ある程度の片付けを行うよう指示する。作業する前の状態と同じように元に戻す。床に落ちている切れ端などはほうきとちりとりを使って掃除する。机の上も濡れ雑巾で拭く。

⑤完成したら持ち帰る。

　ボンドが乾いたら完成なので，次回の授業時に持ち帰るよう伝える。

■指導のポイント

◇一つの作業にはいくつもの工程があり，そこには準備・片付けも含まれているということに気付かせたい。そのための見通しと，作業に取り組む持続性とも関連させて指導していくとよい。

◇メモ帳を作る目的として，人にプレゼントするという設定にすると効果的である。人のためにきれいに仕上げたいという気持ちがあると，作業を丁寧に行えるからである。

◇切った面とは反対側を背にすると，揃いやすくボンドが付きやすい。

5 身体の動き
(3)日常生活に必要な基本動作

75 お箸でつまんでお引越し

準備 お箸，手芸用ポンポン玉（20ミリ，10ミリ各30個），蓋付きの入れ物，ボウル
時間 5分　　**形態** 個別

■ねらい
　身近な道具を使って手指の巧緻性を高める動きに慣れ，日常生活に必要な動作をしやすくする。

■指導の流れ
①お箸の正しい持ち方，つまみ方を確認する。
②入れ物の蓋を開けて，お箸で手芸用ポンポン玉を取り出す。
③落とさないようにボウルへ移し替える。
④入れ物の中のポンポン玉を，すべてボウルに移し替えるまで続ける。

■指導のポイント
◇子供が持ちやすいお箸を使う。箸の使い方が難しい場合は，矯正用の子供箸でもよい。
◇最初は確実に移し替えることをめあてとし，慣れてきたらタイムアタックさせてもよい。
◇ポンポン玉だけでなく，羽，大豆，ビーズ等，様々なもので経験させるようにする。
◇ポンポン玉の数を増やしたり，タイムアタックをしたりして意欲を高めるとよい。
◇手指の巧緻性を高めるにはお箸の他にも，身近なもので靴ひも通し，ちょうちょ結び，洗濯ばさみ，ボタンかけなどを取り入れると効果的である。

練習の様子

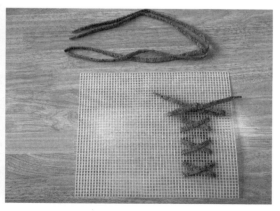
手芸用具を使った靴ひも通しとちょうちょ結び練習

76 サーキット

5 身体の動き
(5)作業に必要な動作と円滑な遂行

準備 コース作りに必要な器具（平均台，技巧台，トランポリン，ケンステップ，バランスクッション，ブロック平均台等）
時間 25分
形態 小集団

■ねらい
粗大運動を行うことで，ボディイメージをつくり，スムーズな動作ができるようになる。

■指導の流れ
①全体のめあてを伝える。
　例「今日のめあては，どろどろ沼に落ちないように気を付けよう！　です」＝平均台から落ちないように歩こうという意味。
②器具を設置する。
　準備するときの安全上のルールは毎回必ず説明し，子供からも確認を求めるようにする。
　板書の通り，または貼られた写真と同じように設置する。
③サーキット運動を開始する。
　繰り返すことで感覚的に身体の使い方の工夫がみられてくるため，できれば一人3，4周は行えるようにする。
　安全のため，教師は，個別に見守る必要のある子供につく。
④片付ける。
　準備同様，片付けを始める前にも，片付け方のルールを子供と確認してから行う。

■指導のポイント
◇コースの配置は，アタラクションのようなイメージをもてる，楽しめるコースに設定するとよい。
◇めあてはゲームをクリアしていくようなタイトルづけにすると意欲が高まる。具体的で，子供にとって理解しやすくなる。
◇年に数回単元化して，めあてと内容を変えて実施すると，子供にとっても流れは同じなので見通しがもちやすい。
◇「4　環境の把握　(4)感覚を総合的に活用した周囲の状況についての把握と状況に応じた行動」「1　健康の保持　(5)健康状態の維持・改善」と関連付けて指導するとよい。

サーキット場面

〈参考文献〉木村順監修『発達障害の子の感覚遊び・運動遊び』講談社

5 身体の動き
(5)作業に必要な動作と円滑な遂行

77 お手玉キャッチボール

準備 お手玉（人数分）
時間 5分
形態 個別・小集団

■ねらい
目と手の協応動作（目と手を素早く連動させる，視線で距離を測る）を高める。

■指導の流れ
①着席した状態で一人一つお手玉を持つ。
②教師の真似をする。

　例
　・両手で下から少し上に投げて両手でキャッチする。徐々に高さを上げ，できれば自分の頭上より少し上に上がるまで挑戦する。
　・同じように下手投げをしたら，手拍子を一拍してからお手玉をキャッチする。これを二拍，三拍と増やしていく。
　・右から左，左から右へと片手キャッチを繰り返す。少しずつ左右の幅を広げ，肩幅くらいのところまで行う。

③二人組で行う。
　椅子を向かい合わせにした状態で，二人でお手玉キャッチボールをする。

　例
　・お手玉一つで行い，目標にした数（5～10）の往復をする。
　・お手玉を二つにして，お互い同時に投げるキャッチボールも行ってみる。

■指導のポイント
◇授業の導入や，集中させたいときの合間に入れると効果的である。継続していくうちに，眼の動きや操作の調整が上手になってくる。
◇「3 人間関係の形成」「6 コミュニケーション」と関連付けて指導するとよい。複数種類のものを並行して行うか，1種類を進めていくかは，子供の様子を見ながら教師が選定していくとよい。
◇できるだけ中身が米や小豆などのお手玉を使い，手触りが心地よく，キャッチしたときに弾かれないものがよい。

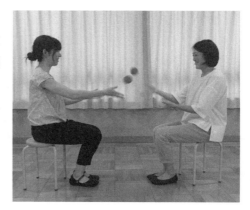

お手玉キャッチボールの様子

78 棒体操・棒キャッチ

5 身体の動き
(5)作業に必要な動作と円滑な遂行

準備 新聞紙で作った棒（人数分）
時間 10分
形態 小集団

■ねらい
ボディイメージを高め（身体を知る），物をコントロールする力を養う。

■指導の流れ
①一人1本新聞棒を持ち，両手間隔に広がる（立位で行う）。
②教師を見ながら動きを真似する。
　両手を合わせて肘を伸ばし，目を開けた状態で腕の上に新聞棒の中心を乗せ，カウントしながら徐々に手を広げていく。次に，広げた手を狭めていく。慣れてきたら目を閉じて行う。棒の両端を持ち，肘を伸ばし頭上に上げて身体を前後左右に反らせる。棒の両端を握りながら片足ずつ跨ぐ。
③棒キャッチを行う。
　新聞棒の端を持ち，半回転（180°），一回転（360°）させてキャッチする。
　一人1本棒を持ち，二人組になって向き合う。新聞棒を縦にして中央を持ち，お互いの棒を軽く投げてキャッチする。
　人数を増やし，内側を向いて輪になる。全員で号令をかけながら右（左）へ棒を軽く投げてお互いキャッチしていく。

■指導のポイント
◇同時に複数の動作を行うことが難しい子供に対しては，号令はかけず棒の受け渡しにだけ集中できるようにする。
◇「3 人間関係の形成」「6 コミュニケーション」と関連付けて指導するとよい。

<新聞棒の作り方>

・新聞紙（10枚）を広げたときの長辺の長さで作る。
・矢印の方向に丸め，両端と中央に異なる色のガムテープを巻く。

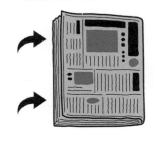

直径約3cm

〈参考文献〉宮口幸治・宮口英樹編著『不器用な子どもたちへの認知作業トレーニング』三輪書店

5 身体の動き
(5)作業に必要な動作と円滑な遂行

79 紙飛行機飛ばし大会

準備 折り紙, 広告紙 等

時間 15分　　　　　　　　　　　**形態** 小集団

■ねらい

微細運動を行うことで, 目と手の協応動作や手指の巧緻性を高める。

■指導の流れ

①全体のめあて「紙飛行機を飛ばそう」と個々のめあて, 内容の説明をする。

②自分の紙飛行機を作る。

　紙飛行機は一つに限らず, 時間内に好きな個数作ってよいことにする。

　お互いに教え合ったり, 本を見て作ったりしてもよい。

　例 「広告紙だと重いけど, スピードがありそう」「二機重ねて飛ばしてみよう！」

③大会のルールを説明する。

　例 「1回目は遠くまで飛ばした人が優勝です。作った飛行機の中から距離が伸びそうな飛
　　　行機を選びましょう」「次は, 飛んでいる時間が長い飛行機が優勝です」

④1回目の結果発表。

　1回目の結果を振り返り, 作戦を立てる。

　例 「どんな飛行機が長く飛ばせるかな？　また, 飛ばし方に違いはないか考えましょう」

⑤2回目を行う。

⑥2回目の結果発表を行う。

　自分の飛行機のポイントや工夫した点を発表する。他の子供への感想も伝え合う。

■指導のポイント

◇いろいろな観点で1位を決めると, 複数の子供に1位になる機会をつくることができる。ま
　た, 飛ばし方を工夫していくよう考えるよいきっかけになる。

◇「4 環境の把握」での折り紙の学習と関連付けて指導してもよい。一人で折ることができ
　るようになってから取り組む方が, 折り方に工夫が見られて効果的である。

きょり	Aさん	Bさん	Cさん
1回目	1 m50cm	3 m10cm	1 m90cm
2回目	1 m80cm	2 m	2 m80cm

結果発表

5 身体の動き
(5)作業に必要な動作と円滑な遂行

80 くもの巣くぐり

準備 スズランテープ，フラットマーカー（人数分＋1枚）（段ボールやヨガマットをカットして代用も可）
※人が少ない場合には，倒れにくいポールや椅子，柱などを利用
時間 15分
形態 個別・小集団

ねらい
自分の体の大きさや動き，柔軟性などを考えて隙間をくぐることで，ボディイメージを高める。また，集中力を高め，背中やお尻，足先などの目で見えない体の部位まで意識させる。

指導の流れ
①全体のめあてを確認する。
　くもの巣に見立てたスズランテープに体が当たらないようくぐり抜ける。
②フラットマーカーを使って行う。
　フラットマーカーの上にしか立つことができない。1枚は自分の足下，もう1枚を自分の進行方向に置き，前進する。これまで立っていたフラットマーカーを拾って，また進行方向に置く。これを続けてくもの巣をくぐり抜ける。
③立つ位置はフリーとして行う。
　フリーで動けるため，床を這って進むことも可能。

指導のポイント
◇フラットマーカーを使う場合，小集団活動で数人の子供が連なって行うこともできる。
◇先頭と後方の子供を入れ替えると，それぞれの難しさを実感して他者意識が高まる。

体の大きさ，位置を意識させる

受け渡しの言葉遣いに注意

歩幅を考えてマーカーを置く

バランスを崩さないように

81 だるまさんがひろったゲーム

5 身体の動き
(5)作業に必要な動作と円滑な遂行

- **準備** 赤玉20〜30個（人数や時間に合わせる）
- **時間** 20分
- **形態** 小集団

■ねらい
自分の身体の動かし方を知り，動きを止めることができるようになる。また，行動の結果や意図を意識し，チームで協力できるようになる。

■指導の流れ
①教師が鬼役になる。
②鬼の足下に赤玉を20〜30個散らばせて置く（学年や人数に合わせる）。
③鬼が後ろを向き，ゆっくり「だるまさんがひろった」と言う間に子供たちが動く。
④「ひろった」の最後の「た」で振り向き，動いていた子供たちは動きをピタリと止める。
⑤振り向いたときに動いた子供はその場に体育座りをして1回休む。次から復活できる。
⑥鬼の足下にある赤玉を拾い，子供たちの陣地に運ぶ（赤玉を持って帰るときも同じように動きを止めながら進む）。
⑦みんなで協力しながら繰り返し運び，赤玉を全部運び終えたらゲーム終了。

■指導のポイント
◇人に勝ちたいあまり速く動きたがる子もいるため，ゲームのはじめにみんなで協力して赤玉を運ぶことがねらいであることを知らせておく。
◇落ち着きなく動く子どもには，「た」の音が聞こえてからではなく「ひろっ」で止まるとよいことなど，上手に動きを止めるポイントを知らせておくとよい。
◇上手に止まれた子を褒め，落ち着いて行動できるように支援する。
◇発達段階（学年）や人数に合わせて赤玉の数を変えたり，1回目，2回目でタイムを計って要領がよくなったこと，速くなったことを褒めたりするのもよい。

掲示例

だるまさんがひろったの様子

5 身体の動き
(5)作業に必要な動作と円滑な遂行

82 バランスボール体操

準備 バランスボール，動きに合わせた曲のCD，CDプレイヤー
時間 15分
形態 小集団

■ねらい
体幹を鍛え，姿勢保持に役立つようにする。音楽の拍数に合わせて（耳からの情報で），自分の体の動きを変えたり，動く速度をコントロールしたりできるようになる。

■指導の流れ
①バランスボールに座り，「弾む」「止まる（静止）」の基本動作を覚える。
②バランスボールに座った姿勢から，ボールが動かないように静かに「立ち上がる」動作をする。
③座った姿勢から足を前にずらしていき，お尻→背中へと自分の体とバランスボールの接地面をずらす動きをする。その状態で静止してから，同じように元の座った姿勢に戻る。
④一度立ち上がり，バランスボールにお腹をつけて，四つ這いのような形になる。その姿勢から床についた両手を前に出していき，お腹→腿へとバランスボールの接地面をずらす動きをする。足は床から離れている状態で静止し，また元の四つ這いの形に戻る。
⑤以上の基本動作の他に，自分のオリジナルポーズを決めて，組み合わせてもよい。
⑥基本の動きができるようになったら，音楽に合わせて一斉に行う。

■指導のポイント
◇必ず体のどこか一部分とバランスボールとが接着しているようにする。
◇バランスボールから落ちないように，バランスをとりながら動作を行うように声をかけながら進める。
◇適切に動き，特に静止がしっかりできている子供を見本として，どこに力を入れるのかなど，アドバイスをするとよい。
◇自分の動き，静止した姿など，動画で確認できると効果的である。
◇バランスボールに正しく乗ろうとすることで，背筋を伸ばしたり，座る位置を調整したりし，自然と身体感覚を養い，体幹を鍛える動きにつながっていく。
◇「バランスボールで体幹づくり（No.10）」と関連付けて指導すると効果的である。

バランスボール

83 はてなボックス

5 身体の動き
(5)作業に必要な動作と円滑な遂行

準備 手を入れる穴がある中身が見えない箱，感触が異なる物２個ずつ（柔らかいボールやたわし，ぶつぶつした感触の物 等）
時間 8分
形態 個別・小集団

■ねらい
手先を器用に動かせるようにするため，様々な感触に慣れ，指先の感触だけで物の特徴を判別できるようになる。

■指導の流れ
①はてなボックスの中にどのようなものが入っているか見て確かめる。
②二つあるうちの一つをはてなボックスの中に入れる。
③教師が提示した物と同じ物をはてなボックスの中から取り出す。
④答え合わせの後，取り出したものをまたはてなボックスの中に戻し，次の課題に取り組む。

■指導のポイント
◇ぐにゃぐにゃした物やちくちくするものなど，感触を嫌がりそうな子供にはあらかじめ目と手で感触を確認させる。
◇手の感触に慣れてきたら，「たわし」「ウサギの形をした物」「ブツブツした輪」等，言葉で特徴を伝えて取らせるようにしてもよい。
◇小集団で行う場合，粗大運動を主として行うサーキット運動の中に取り入れることで，「静」の動きとして行えるので，活動の流れにメリハリがつく。
◇はてなボックスの中身を当てる活動にすると，触った感触から物の特徴を言語化する指導ができる。

はてなボックス

ボックスの中に入れるもの

5 身体の動き
(5)作業に必要な動作と円滑な遂行

84 忍者修行

準備 赤玉，魚釣り，島になるもの，出前バランス，トランポリン，手作りの金の星（画用紙）
時間 45分
形態 小集団

■ねらい
「忍者修行」の活動を通して，身体の使い方を身に付ける。

■指導の流れ
①全体のめあてを確認する。
　例「忍者修行をクリアして，☆をゲットしよう」
②「石になる術」など，それぞれの術ごとのポイントを確認する。
　それぞれの術をする場所に教員が行って説明する。
・「石になる術」（動と静）……敵忍者が後ろを向いている隙に，教室内の宝物（赤玉）を探す。敵忍者が振り返ったら，石になる術で身体を止める。
・「魚釣りの術」（力の調整，バランス）……島の上を渡りながら，魚を釣り上げていく。
・「宝運びの術」（力の調整，固有覚）……出前バランスの受皿に宝を載せて落とさず運ぶ。
・「高く跳ぶ術」（体幹を鍛える）……トランポリンの上で体幹を意識して跳ぶ。手をつないで高く跳ぶ。「1，2，3」のリズムで高く跳び，椅子の上に立った教員とタッチをする。
③四つの修行を行う。「石になる術」は全員で行い，それ以外は場所と時間を設定して担当教員と一緒に移動して取り組む。一つの修行ごとに☆を一つ獲得できる。
④個々に振り返りを行う。子供もしくは一緒にまわっていた教員から各修行において子供がポイントを意識して取り組めていたかどうかを伝える。

■指導のポイント
◇それぞれの修行時のねらいやポイントは口頭で伝える。子供によっては，気を付けて動かすとよい体の部分を触りながら伝えるとよい。
◇何回か繰り返す場合は，個人の記録を残しておき，自分の記録を更新していく設定にするとモチベーションが上がる。

〈教材〉「魚釣り」「出前バランス」内田洋行

〈参考文献〉柳澤弘樹監修『発達障害の子の脳を育てる忍者遊び』 講談社

6コミュニケーション
(1)コミュニケーションの基礎的能力

85 「ちょっと失礼」たかおに

準備 低い巧技台（参加人数分程度），タイマー

時間 15分　　　　　　　　　　　　　　**形態** 集団

■ねらい

望ましい要求伝達を使ってやりとりの楽しさを知る。

■指導の流れ

①ルールの説明をする（基本的には普段遊んでいるたかおにと同じルール）。

　台上には一人だけしか乗ることができない。巧技台に乗っているとき，鬼はタッチできない。ただし，台に乗っている子の近くに寄って「ちょっと失礼」と言ったら，言われた子は必ず「はい，どうぞ」と言って台から降りなければならない。降りた子はすぐに次の空いている台を探して鬼から逃げる。鬼は逃げている子をタッチして鬼を交代することができる。

②反則行為と遊び方マナーについて指導する。

　逃げている子を押すこと，一人狙いをしないこと，鬼になることもあるということ，うまくタッチできないこともあること等

　「こんなときどうする？相談と要求（NO.19）」「気持ちの温度計（NO.39）」などで学習したことを思い出す。

③鬼を決める。

　教師を含めて参加者全員でじゃんけんをして負けた人が鬼になる。

④1回目をスタートする。（制限時間5分）

　例 鬼は10数えたら，逃げる子を追いかけてタッチする。**鬼：**（台に乗っている子に近づき）「ちょっと失礼」　**台上の子：**「はい，どうぞ」→降りて逃げる。

⑤1回目を終了する。

　座って休憩しながら，1回目をやってみた感想や困ったこと，ルールについて改善点があれば話し合う。

　例 「『ちょっと失礼』と言われたとき，距離が近すぎて逃げられなかった」「巧技台の位置をずらしたり，台の数を減らしたりするとおもしろそう」

⑥2回目をスタートする。

⑦本時のまとめと次回への予告を行う。

■指導のポイント

◇捕まえることが難しい子供が鬼のときには，教師が捕まるようにする。参加者みんなが楽しいと思える雰囲気づくりを心掛ける。

◇次々に鬼が替わっていくことに気付けない子供には，教師が声をかけて教えるようにする。

6 コミュニケーション
(1)コミュニケーションの基礎的能力

86 紙コップタワー

準備 紙コップ（30個程度），タイマー，見本の写真カード，ふわふわ言葉・ちくちく言葉の一覧表

時間 20分　　　　　　　　　　　　　　　　　　**形態** 集団

■ ねらい
基本的な友達とのやりとりの言葉を覚え，協力して遂行する楽しさを体験する。

■ 指導の流れ
①各自椅子を持って集合する。

②ルールを説明しながら教師が見本を示す。

　一人１個ずつ順番に紙コップを並べたり積み上げたりして見本の写真カードと同じピラミッド型タワーを制限時間内に完成させる。

　遊び方のマナーの復習，ふわふわ言葉・ちくちく言葉の一覧表も掲示する。

③順番を決め，作戦タイムをとる（１回目は全員で行う）。

　練習した後で，順番決めを行う。サブの教師も参加メンバーとして一緒に活動し，アドバイスの声のかけ方や応援のモデルを示す。

④１回目をスタートする（制限時間１分）。

　お題として示された写真カードを見ながら同じようにタワーを作る。順番への意識が弱い子供は自分の番に気付かないこともあるので，ふわふわ言葉で促す。

　例 「次，○○さんの番だよ」「がんばれー」「ちょっとずれちゃった」「ドンマイ」

⑤結果を発表する。

　よかった点ともっとこうしたらよいかもしれないという点を振り返る。

　再度，順番決めと作戦を話し合う。

⑥２回目に挑戦する。

　順調に進むようであれば，２回目以降はチーム対抗戦へ切り替えてもよい。

■ 指導のポイント
◇手先が不器用な子供については紙コップをそっと置くのが難しいこともあるので，事前に個別学習などで練習しておくのもよい。

◇チーム分けの際，教師対子供で行うと子供の一体感が高まり効果的である。

◇応援する言葉は分かりやすいが，失敗したことへの許す気持ちの言葉や，周りがフォローしていけばよいという指導ができるとよい。

◇「ブロック伝達ゲーム（No.38）」と関連付けて指導するとよい。

6コミュニケーション
(1)コミュニケーションの基礎的能力

87 協力ジェスチャーゲーム

準備 ○×ブザー，話し合いのポイントが書かれた掲示

時間 30分　　　　　　　　　　　　　　　**形態** 小集団

■ねらい

　友達と協力してジェスチャークイズをつくる活動を通して，他者とかかわる際に他者の考えを聞いたり，自分の考えを伝えるなど気持ちの共有化を図る。

■指導の流れ

①全体のめあてと活動内容を伝える。

　例 ねらい「ペアで話し合って，ジェスチャークイズをつくろう」

②ペアで話し合うポイントをおさえる。個々のめあてを子供と担当教員が確認する。

③話し合い(1) お題：教員が事前に用意した二つのお題を手渡し，ペアで話し合って選ぶ。「提案するとき」「賛成のとき」「反対のとき」「確認と同意」等，個々のめあてに即して，話し合いの話型のポイントをカードにして示す。

④話し合い(2) 役割分担：お題をジェスチャーで表すには二人が役割分担をする必要があるため，話し合ってどの役をするか決める。

⑤話し合い(3) 内容：どのようにジェスチャーをするかについて，相談しながら練習する。

⑥クイズタイム：ジェスチャーでクイズを出す。回答者もペアで話し合って答えを決める。二人が同じ答えになったら回答する。正解かどうかは出題したペアが○×ブザーを鳴らして知らせる。

■指導のポイント

◇お題は二人がよく知っていて，役割分担をしてジェスチャーができるものを用意する。例えば「野球」「ドッジボール」「鬼ごっこ」「買い物」「給食当番」などがよい。

◇「提案するとき」「賛成のとき」「反対のとき」「確認と同意」など，話し合いのポイントをその時間のねらいに即して取り上げて指導する。

◇各ペアに指導者がついて，ポイントとなる話型を使って話し合いができるよう支援を行う。

確認と同意のことば	提案のことば
「じゃあ，～でいいかな？」 「OK」 「いいよ」 「そうだね」	「～だと思うけど，どう？」 「ぼくは～をやりたいけどいい？」 「～してみない？」 「～はどうかな？」

子供に支援する話型の例

6 コミュニケーション
(2)言語の受容と表出

88 交代会話練習

準備 ことばの練習帳

時間 10分　　　　　　　　　**形態** 個別

■ねらい

交代しながら会話をすることで，相槌をうち，相手に質問ができるようになる。

■指導の流れ

①めあて「会話のキャッチボールをしよう」を確認する。

②本時で学習することばの練習帳の内容について説明する。

　場面や状況を事前に説明することで，イメージをもたせる。

　例 母親からお使いを頼まれたときの場面，友達と遊ぶ約束をするときの場面 等

③会話練習をする。

　役割を決めて1回目を行う。文の抑揚や強調して言うべき部分についても指導する。

　2回目を行い，評価する。

④役割を交代する。

　登場人物の役割を交代して会話練習をする。③と同様に指導し，2回繰り返す。

⑤教師が会話の内容について質問する。

　どんな内容について正しく理解できているかを確認する。また，次に行う応用練習に向けてのキーワード（いつ・どこで・誰が・何を・どうした）への気付きを促す。

　例 「お母さんは，<u>どこへ</u>買い物に行くよう言いましたか？」→「パンや」

　　　「<u>何を</u>買ってくるよう言いましたか？」→「食パンとロールパン4個」

⑥応用練習をする。

　会話練習の話型は変えず，⑤で質問した部分を言い換えて練習する。また，会話を追加できそうであれば追加していく。

　例 「けんちゃん，<u>お花やさん（パンや）</u>に行ってくれる？」「えっ，<u>お花やさん（パンや）？</u>」「そう，<u>お花やさん（パンや）</u>。<u>チューリップ3本（食パンとロールパン4個）</u>買ってきてくれる？」「うん，分かった」→追加「気を付けて行ってきてね」「うん，行ってきます」

■指導のポイント

◇子供の興味・関心のある内容や身近な内容を取り入れるとよい。繰り返していくうちに，会話のキャッチボールが増えていくことを楽しめるようになり，子供から新しい質問文や優しい言葉がみられるようになる。

〈参考文献〉コロロ発達療育センター「ことばの練習帳　季節のもんだい，しつもん文」

6 コミュニケーション
(2)言語の受容と表出

89 絵カード合わせ

準備 自作二分割絵カード（トランプ程度の大きさで10〜15種類程度作成），ふわふわ言葉・ちくちく言葉の一覧表
時間 20分　　　　　　　　　　　　　　　　　　　**形態** 集団

■ ねらい
相手の言葉をよく聞き，推測しながらゲームを楽しむことができる。

■ 指導の流れ
①ルールを説明する。
　二分割した絵カード数種類を絵が揃わないようにして全員に配る。一人4，5枚程度あるとよい。絵を完成させながら手元のカードが最初になくなった人が勝ち。
　まずじゃんけんをして順番を決める。指名された人は，言われた絵カードを持っていたらその人に必ず渡す。絵が完成した人は2枚のカードを合わせて見えるように机上に置く。
　例 指名して「○○さん，ハンバーガー（のカード）を持っていますか？」「はい，持っています」「ありがとう」／「いいえ，持っていません」
②遊ぶときのマナーを確認する。
　遊び方のマナーの復習，ふわふわ言葉・ちくちく言葉の一覧表も掲示する。
③ゲームを開始する。
④結果を発表する。
　教師はゲームの様子から傾向を分析し，ゲームのポイントやヒントを指導する。
　例 「自分が質問した相手からの答えだけ聞いていてはダメですよ。他の人が質問している内容も聞きましょう。ヒントはそこにあるかもしれませんよ」
⑤2回目を行う。
　参加している教師がモデルを示し，ヒントに気付けるよう促す。
　例 「○○さんはハンバーガーを持っているかって質問したから，もしかしてハンバーガーを探してるのかな？」「○○さんは，ハンバーガーを持っていませんって答えたよね」

■ 指導のポイント
◇周囲に耳を傾けることが難しい子供は，「持っていません」と答えた子供に対して同じ質問をしたり，一つの絵を完成させるまで一人ずつに同じ質問をしたりする傾向がみられる。上記⑤のように，情報の収集方法について遊びながら気付きを促していくとよい。

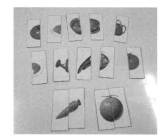

二分割絵カード例

6 コミュニケーション
(2)言語の受容と表出

90 本当に言いたいことは……

準備 絵カード，教科書
時間 20分
形態 個別・集団

■ねらい
　言葉や状況から，相手の意図を推測することができるようになる。また，相手に正しく伝えるためにはどうすればよいのか考えることができるようになる。

■指導の流れ
①全体のめあて「自分の思いを正しく伝えよう」を確認する。
②教師が事例を挙げて考えさせる。
　例　公園で相手を待って困っている子どもがいる絵を見せて，その理由を考える。
　　「みんなが来てくれないのかな？」「時間か待ち合わせ場所を間違えたのかな？」
③4コマ漫画形式の絵を提示して，どうすればよかったのか，解決策を考える。
　絵やセリフから，状況やその原因について考える。特に4コマ目の状況になってしまった原因はどこにあるのか，きちんと伝えることの大事さに気付けるよう指導する。
　例　一人で考える→二人組で話し合いながら考える。
④発表（まとめ）をする。
　二人組で考えたセリフを絵の中に書き込む。前に出て発表する。
　どう言えばよかったのか，相手に正しく伝えるためには何を落としてはいけないのか（主語，場所，時間，伝えたいこと）を理解させる。

■指導のポイント
◇学級でも国語の授業で行う単元ではあるが，「聞く，話す」の学習と密につながっているので，コミュニケーション指導として丁寧に行うとよい。

〈参考文献〉『平成31年版　国語三年』上巻（光村図書）「よい聞き手になろう」コラム「きちんとつたえるために」

6コミュニケーション
(2)言語の受容と表出

91 15のトビラ

準備 ミニホワイトボード，ホワイトボードマーカー，黒板（またはホワイトボード）

時間 10分　　　　　　　　　　　　　　　　　　　**形態** 個別・小集団

■ねらい

　他者の質問を聞いてその意図を推測したり，これまでのやりとりから総合的に判断したりして，答えを考えることができるようになる。

■指導の流れ

①やり方とコツを確認する。

②出題者を決めて，答えとなる名詞を一つ，ミニホワイトボードに書く。

③解答者は，その答えのヒントになるような質問を一人一つずつ順番に聞いていく。

　・出題者以外はチームとなり，みんなで力を合わせて答えを当てる。

　・出題者への質問は答えが「はい」か「いいえ」になるようクローズド・クエスチョンで行う。

④答えが分かったら，または絞られてきたら，相談タイムを申請し，チームで相談する。

　不正解だった場合は，質問が全部で15個になるまで続けることができる。

⑤正解が出たら，または質問が全部で15個に達したら終了。

■指導のポイント

◇答えを「学校にあるもの」や「食べ物」などと，ある程度限定してもよい。また，「20のトビラ」として，質問回数を増やしてもよい。

◇出題者は答えが限定されない範囲で「はい」「いいえ」以外の答え方をしても構わない。

　例「ほとんどは『はい』だけど，ときどき『いいえ』のものもある」

◇解答チームに教員が入り，質問を調整したり相談タイムで意見の修正をしたりするとよい。

◇子供によって特定のものを限定して質問する傾向があるため，質問のコツとして，最初は広く捉えられる質問をして，だんだん絞っていくとよいことを指導する。（上位概念と下位概念）

◇感覚は人それぞれ異なることを伝え，「大きいですか？」と質問するよりも「○○より大きいですか？」とみんなが知っているものと比較できるようにするとよいことに気付かせる。

```
                    テーマ　学校にあるもの

  ・教室にありますか。　×　　　・持てますか。二人でなら○

  ・校庭にありますか。　×　　　・机より大きいですか。　○

  ・体育館にありますか。　○　　　　　　　　　　　答え
                                                とびばこ
  ・丸いですか。　　　×
```

板書例

6 コミュニケーション
(2)言語の受容と表出

92 サイコロスピーチ

準備 黒板あるいはホワイトボード，大きいサイコロ，スピーチのテーマの表，スピーチのための話型表示
時間 20分　　**形態** 小集団

■ねらい
　サイコロを使ったゲームでスピーチすることで，話すことへの抵抗を軽減し，友達を意識して話を聞いたり，みんなの前で身近な話をすることができるようになる。

■指導の流れ
①1〜6までの話すテーマを提示しておき，サイコロを振る。
②出た目のテーマについて話す。質問も受け，答える。
　例「ぼくは好きな食べ物のことを話します。好きな食べ物はラーメンです。なぜかというとおいしいからです」「何か質問はありますか？」
　「何味のラーメンが好きですか？」
　「とんこつ味が一番好きです」「これでスピーチを終わります」
③スピーチが終わり，質問にも答えたら聞いていた人たちで拍手をする。

■指導のポイント
◇サイコロの目が出たら話すテーマを見やすいところに掲示する。
◇スピーチで話すための話型を貼っておき，見ながら話せるようにする。
◇話す事柄がすぐに思いつかない傾向のある子供に対しては，あらかじめ一緒に内容を考え，話せるように支援する。
◇話したい内容にこだわる子供には，1回で振っても納得できない場合2回まで振ってもよいなど約束を決め，回数を守れたら評価する。

サイコロとスピーチテーマの表

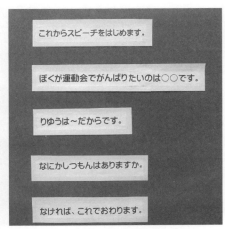
スピーチのための話型の例

93 話し合おう！ケーキデコレーション

6 コミュニケーション
(2) 言語の受容と表出

準備 ケーキの土台のシート，ケーキの材料シート，話し合いのめあて一覧表，条件のカード
時間 40分
形態 小集団

■ねらい
　ペアで相談してケーキを作ることを通して，個々の段階に応じた話し合いのスキルを身に付ける。

■指導の流れ
①活動内容と全体のめあてを知る。
②個々の話し合いの目標を決める。目標は「話し合いのめあて一覧」を用いて，子供と担当教員とで話し合って決める。
③ケーキ作りをする際，デコレーションに条件があることを伝える。
　　例　一つのケーキに３種類の材料を，合計10個までのせることができる　等
④一人で考える：個々に操作しながら，ケーキにのせる材料を考える。
⑤相談タイム：ペアになり，お互いの考えを伝え合い，相談して二人のケーキを完成させる。
　　ペアに教員が一人ついて，個々の子供のめあてに沿った支援と評価をする。
⑥ペアごとに作ったケーキを発表し，お互いに見せ合う。
⑦個々の目標が達成できたか，振り返りを行う。

■指導のポイント
◇個別の目標を決める際に使用する「話し合いのめあて一覧表」には他者の気持ちを意識して話し合うことの大切さが加味されるように配慮する。
◇会話のキャッチボールが難しい子供には，誰が話しているのかを意識できるように，話し手にボールを持たせてやりとりするのもよい。

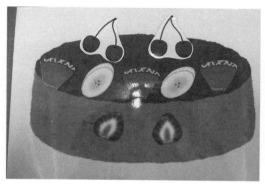
できあがったケーキ

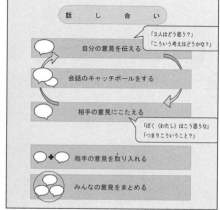
話し合いのめあて一覧表

6 コミュニケーション
(2)言語の受容と表出

94 会話を続けよう

準備 「しりとりの法則」「どうしての法則」の例の掲示
時間 40分
形態 個別・小集団

■ねらい
話に対する応じ方の大切さを理解し，相手の言葉を受けて言葉を返したり，質問したりすることができるようになる。

■指導の流れ
①二人組になり，「昨日の出来事」について2分間話してみる。（話し手と聞き手に分かれ，交代する。）
②会話して気付いたことを発表する。
　例 途中で話が途切れた，聞き手はうなずいているだけだった 等
③番組を見て会話を弾ませるポイント「どうして？」「どんな風に」などの問い直し方を覚える。
④話題を提示してペアで会話をする。
⑤動画などでうまくコツを使えたかどうか振り返る。

■指導のポイント
◇話を聞く姿勢が身に付いている，相手に聞こえる声で話すなど，会話に必要なスキルが身に付いている子供を対象にする。
◇会話を弾ませるポイントを指導する前に会話に慣れていない子供は，「へぇ〜」「なるほど」など相手の話に共感する言葉を押さえておくとよい。「しりとりの法則」「どうしての法則」を使って会話してみる。
◇話すことが好きな子供は，聞き手になっても自分の話を続けることがある。事前に気を付けるように意識をもたせるのもよい。
◇会話をしているときは，教師が文字に起こすと振り返りのときに振り返りやすい。

会話を弾ませるポイント

〈参考文献〉NHK for School「お伝と伝じろう」

95 相談！ムシムシマンション

6 コミュニケーション
(2)言語の受容と表出

準備 机，椅子，タイマー，ムシムシマンションセット（問題，イラスト，台紙）
時間 15分
形態 個別・小集団

■ねらい
他者とかかわる際に，他者の考えを聞いたり，自分の考えを伝えたりして，相談活動のよさを実感する。

■指導の流れ
①全体のめあて「ヒントをよく聞いて，虫のすんでいる部屋を見つけよう」と個々のめあてを板書して，確認をする。
②「ムシムシマンション」のゲームのルールを確認する。
③話し合いのコツを指導する。
　例 「○○はどう？　理由は○○だから」「うん」「いいね」「なるほどね」等の話型の提示。
④二〜三人組になり，まず自分が持っている問題カードを黙読する（理解）。次に，それぞれが持っている問題カードを音読し合い，お互いにヒントを見つける。
⑤ヒントを見つけたら，その虫がどの場所に入るかお互いに提案していく。
⑥全部のマンションの部屋が埋まったら，二人で見直しを行う。
⑦答え合わせをして，自分たちの相談がどうだったか振り返る。

■指導のポイント
◇相手の話を最後まで聞き取るために，音読のみにする。
　基本的に視覚化はしないが，記憶に乏しい子供の場合は問題を音読してから見せ合う。
◇話し合う際，相手に話してもよいか確認をとってから話をするようにルールを作る。
◇相談の様子をビデオで撮っておき，振り返りに活用するのも効果的である。

ムシムシマンション

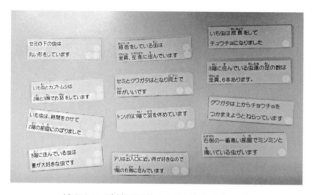
どのムシがどこに住んでいるかのヒント

6 コミュニケーション
(3)言語の形成と活用

96 いつどこでだれが何をしたゲーム

準備 付箋紙（4色），サインペン
時間 25分
形態 集団

■ねらい
「いつ」「どこで」「だれが」「何をした」の要素を理解して短文を作ることができる。みんなで考えてつなげた予想外の文の完成を楽しむことができる。

■指導の流れ
①全体のめあて「みんなのアイデアで文を完成させよう」とめあてを確認する。
②ルールを説明する。
　配られた4色の紙に，それぞれの要素に該当する言葉を考えて書く。書いたら四つの箱（いつ，どこで，だれが，何をした）に入れる。教師が箱の中からランダムに取り出し読み上げる。
③考えて書く。
　書くときの注意として，個人名は書かない，人が言われて嫌なことは書かない，みんなが嫌な気持ちになるようなことは書かないといったことも伝える。
　また，1枚の紙には一要素しか書かないようにする。
　例 教師：「いつ，はどんなことを指すのかな？」　子供：「今日」「春」「100年前」
④文を発表する。
　教師は「いつ→どこで→だれが→何をした」の順に箱から1枚ずつ紙を取り出し読み上げる。読み上げた付箋紙をつなげて黒板に貼る。なくなるまで繰り返して読み上げる。
　例 「明日，宇宙で，おじいちゃんが，フォークダンスをする」

■指導のポイント
◇特に「いつ」という時間的概念については，子供によっては季節や遠い過去や未来を指す言葉がそれに該当するという知識がない場合があるので，他の友達から出た発想などを参考にしながら覚えていけるとよい。
◇文を発表するときに，「いつ」が過去形か未来形かによって，文末表現を変えなければならないことも同時に指導すると効果的である。
　例 教師：「"一週間前"だから，最後は"〜する"で合っているかな？」　子供：「だめ，"した"が正しい」

97 お店屋さんごっこ

6 コミュニケーション
(3)言語の形成と活用

準備 絵カード，画用紙，色鉛筆，クレヨン，サインペン，机，手提げバッグ
時間 40分
形態 集団（主に低学年対象）

■ねらい
　言語の概念形成（上位語，下位語）を知り，役割に応じた言葉で基本的なやりとりができるようになる（主に低学年対象）。

■指導の流れ
①全体のめあて「おみせの人とおきゃくさんになってかいものごっこをしよう」を確認する。
②仲間分けをして上位語，下位語を確認する。
　教師が黒板に様々な物の絵カードを貼っていき，子供は物の名前を言い当てる（下位語）。ある程度絵カードを貼り終えたところで，仲間分けをする。仲間分けをしたら，そのグループに相応しい名前をつける（上位語）。
　例「バナナ，りんご，いちご……これは何の仲間だろう？」「くだもの！」
③自分がやりたいお店屋さんを決める。
　希望が重なったらじゃんけんをして決める。一人一つのお店を担当する。
④品物作りとお店の準備をする。
　黒板に貼ってある品物も利用して，自分で同じ仲間の絵と名前を書いて品物を作る。思いつかないときは図鑑なども参考にしてよい。看板作りも行う。
⑤お店屋さんごっこを始める。
　話型カードを提示してお店の人とお客さんの話し方を練習する。子供からも言葉を募り，工夫を求める。時間交代で順番にお店屋さんとお客さん役を行い，やりとりを楽しむ。
　例「すみません，りんご一つください」「はい，100円です。甘くておいしいですよ」

■指導のポイント
◇上位語と下位語の概念形成の理解が確実でない子供を対象に，学校での授業の予習，または復習として本授業を行うと見通しをもって活動に取り組めてよい。
◇机上学習だけではなく体を動かして活動するため，より理解が深まってよい。
◇子供同士で言葉のやりとりがまだ上手ではない子供への支援としては，話型を提示してパターン化したやりとりができることは自信をもてるきっかけとなるので効果的である。

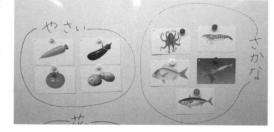
板書例

〈参考文献〉『平成31年版　国語一年』下巻（光村図書）「ものの名まえ」

6 コミュニケーション
(3)言語の形成と活用

98 言葉集め

準備 椅子，タイマー，ぬいぐるみ

時間 10分　　　　　　　　　**形態** 集団（主に低学年対象）

■ねらい

　言語の概念形成や語彙力を広げ，関連付けてスムーズに言葉が引き出せるようになる（主に低学年対象）。

■指導の流れ

①全体のめあて「早くたくさんのことばをさがそう」とめあてを確認する。

②ルールを説明する。

　円になって内側を向いた状態で椅子に座る。お題に沿って順番に言葉を言い，隣の人にぬいぐるみを渡していく。タイマーが鳴った時点でぬいぐるみを持っていた人が負けとなる。

　一度出てきた言葉を言った場合もそこで負けとなり一旦終了。

③練習する。

　最初は練習した言葉を板書して残しておいてもよい。

　例 教師：「"くだもの" といえば？」　子供：「りんご」「いちご」「バナナ」

　　　 教師：「最初に「あ」のつく言葉は？」　子供：「赤」「アイスクリーム」「あひる」

④言葉集めゲームをスタートする（制限時間2分）。

　お題を発表し，黒板にもお題を書く。1番の人にぬいぐるみを渡し，時計回りに進める。

　発言した言葉をサブの教師がミニホワイトボードに記入していき，既出の言葉を視覚化しておくようにする。

　何回かお題を変えて繰り返し行う。

■指導のポイント

◇上位概念，属性，関連語等の理解がある程度できている段階で始めた方がよい。

◇思い出すことに弱さがあったり，一度出てきた言葉を覚えておらず言ってしまったりする子供もいるので，やり方を工夫するとよい。

　例 既出の言葉を視覚化しておく，最初の文字だけ教師が言ってヒントを示す 等

6 コミュニケーション
(3)言語の形成と活用

99 説明しりとり

準備 黒板あるいはホワイトボード
時間 20分
形態 小集団

■ねらい
語彙を増やし，自分で考えたしりとりの言葉を詳しく説明することができる。

■指導の流れ
①グループの人数に合わせて時間を決め（例：3分），しりとりのルールで言葉を出していく。指導者はホワイトボードなどに出された言葉を書き出していく。
②時間が終わったら，しりとりで出た言葉を読み上げる。
③しりとりの順番で自分が出した言葉の説明をしていく。

例 にわとり：羽根がある鳥で，オスはとさかがある。メスは卵を産む。コケコッコーと鳴く。

■指導のポイント
◇しりとりで言葉を考えるだけでなく，自分で考えた言葉を意識して意味を考えたり，人に分かりやすく説明する機会となる。
◇子どもによっては説明に困ったり，言葉がうまく出てこない場合もあるので，状況によってグループの中に得意な子がいれば「おたすけマン」としてバトンタッチし，説明してもらうルールなどにする。

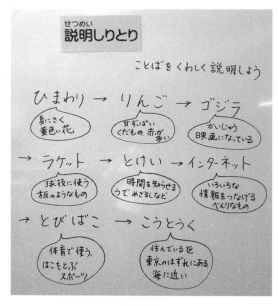

板書例

6 コミュニケーション
(3)言語の形成と活用

100 感想を伝えよう

準備 一言感想ワークシート,タブレット端末(必要があれば),表情カード
時間 15分 **形態** 個別

ねらい
代替ツールを使って,感じたことを文章にすることができるようになる。

指導の流れ
① 一つの活動が終わる度に,表情カードで感じたことを掲示しておく。
② 「一言感想ワークシート」に沿って,活動内容と気持ちを書いていく。もしくはタブレット端末の音声入力で入力する。
③ できあがったものを読み上げる。

指導のポイント
◇「いつ」「どこで」「だれが」「何をした」という観点の意味が分からない子供には事前に指導をしたり,例を掲示したりする。
◇ タブレット端末で音声を入力する際には,操作の仕方を事前に練習する。また,インターネットに接続できる環境で行う。
◇ 活動したときの気持ちを覚えておくために,そのときの気持ちを掲示しておく。
◇ タブレット端末がない場合や操作に慣れない場合は,教師が代筆する。

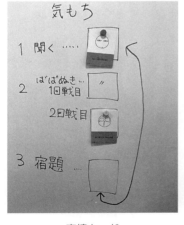
表情カード

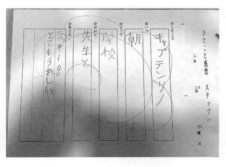
一言感想ワークシート

タブレット端末を操作している様子

〈参考文献〉井上賞子・杉本陽子著 小林倫代監修『特別支援教育 はじめのいっぽ！ 国語のじかん』学研教育みらい
「表情カード」クリエーションアカデミー

6 コミュニケーション
(4)コミュニケーション手段の選択と活用

101 ジェスチャーゲーム

準備 お題カード，タイマー
時間 15分
形態 集団

■ねらい
身振りや手振り，表情から想像して意図することを読み取れるようになる。

■指導の流れ
①全体のめあて「身振り手振りや表情からどんな様子か想像しよう」と個々のめあてを確認する。
②ルールを説明する。
　制限時間内にいくつ正解を出すことができるか挑戦する。
　解答者（複数）とジェスチャーする人（一人）は対面になって座る。
　お題カードを持つ人は解答者の後ろに立ち，ジェスチャーをする人にお題カードを見せる。
　ジェスチャーする人はお題カードを見て身振りを行う。
③ジェスチャーする順番を決め，注意事項を伝える。
　声を出す，指で文字を書く，口形で言葉を伝えるのは禁止。
　ジェスチャーする人は，お題が難しい，正解がなかなか出ないときは「パス」できる。
　答えが分かったら挙手せずに答えを言って構わない。
④ジェスチャーゲームを開始する（制限時間1分30秒）。
　制限時間ごとに次の子供に交代して全員がジェスチャー（出題者）を経験する。

■指導のポイント
◇お題から動作をイメージすることが難しい子供には，教師が全体に向けてヒントとなるキーワードを出すことで，出題者，解答者共に共通イメージの基盤をつくることができる。
◇慣れてきたら，短文のお題を出題していく。表情に注目するような「感情，気持ち」に関するお題を出すようにするとよい。相手の表情で何を考えているのか，何を表しているのかを想像する学習になる。

例「お腹が空いている」

6 コミュニケーション
(4)コミュニケーション手段の選択と活用

102 説明上手になろう

準備 「こんなときどうする？『イライラ』」で活用した資料 等，ミニホワイトボード，名刺大のカード（数枚），リングクリップ（できあがったカードを留める），ペン（赤・青・黒）

時間 25分　　　　　　　　　　　　**形態** 個別

■ねらい

自分の気持ちを相手にきちんと伝わるように表出することができるようになる。

■指導の流れ

①全体のめあて「言いたいことをうまく話せるようになろう」を確認する。

②言いたいことがうまく伝わらなかった，伝えられなかったときの経験を思い出す。

> **例**「相手が先に悪口言ってきたから，俺は，悪くないのに……」「どうせ，分かってもらえないし……」「ムカついたから出てきた」

③状況を整理する。

教師が一問一答形式で，そのときの状況を時系列でホワイトボードに黒ペンで書き出す。

その状況で，そのときどう思ったり感じたりしたのかを聞き出し，青ペンで書く。

④本当はどうしたかったのか，どうなるべきだったのかを整理する。

ホワイトボードに書いたマップを見ながら，本当は自分はどうしたかったのか，何が言いたかったのかを導き出す。赤ペンで追記していく。

⑤次からどうしていけばよいか対処法を考える。

「困っているカード」を作成する（クールダウン用，教えてください用，説明できなくて困っている用 等）。※あらかじめ担任などと相談しておく

> **例** 教師「自分にとって気持ちを落ち着かせるため一時避難する必要があると思ったときに，勝手に教室を出ていく代わりになるものを考えよう」

■指導のポイント

◇特に友達間でのトラブルが生じたときに，教師に状況をうまく説明することができず，自暴自棄になってしまったり，あきらめたりしてしまうケースが多い。順を追って説明することが困難なことから，聞き手に分かりやすい表現をすることができないためである。分かりやすく説明できるようになることで，周囲の大人を信頼し，自分自身にも自信をもてるようにしていきたい。

◇「気持ちの温度計（No.39）」「どうしてイライラするの？（No.40）」と関連付けて指導すると効果的である。

◇担任，保護者にもあらかじめ相談して子供の行動改善に向けて共通理解していけるとよい。

6 コミュニケーション
(4)コミュニケーション手段の選択と活用

103 どんなお話？

準備 絵，プリント教材（いずれも市販教材より），短文カード
時間 15分　　　　　　　　　　　　　　　　　**形態** 個別

■ねらい
時系列に沿って話を展開し，関係性を理解して話したり書いたりできるようになる。

■指導の流れ
①全体のめあて「話をつなげて話したり書いたりしよう」を確認する。
②本時の学習内容を説明する。
　例　時系列に沿って話の展開順にカードを並び替え，コメントを付けていく。
③絵を見てストーリーをイメージしながら並び替える。
　最初は話の流れが単純で分かりやすいものから始める。
　例　絵カードは4枚程度で目玉焼きを料理するというもの 等
④並び替えたら，1枚ずつそれに合う短文を考える。
　例　「卵を割る。」→「箸で卵を混ぜる。」→「フライパンに卵を入れる。」→「お皿に移す。」
⑤正解と見比べる。短文を接続語を用いて文章にしてみる。
　四つの文をつなげて一つの文章として完成させていく指導をする。
　既習の接続語カードを提示し，自分で書いた文，または正解の文に接続語を入れ，文章を完成させる。

■指導のポイント
◇「いつどこで誰が何をしたゲーム（No.96）」と関連付けて，接続詞や副詞を加えて話を膨らませていくと作文指導になっていく。
◇読解の理解が進んできたら，順接だけでなく逆説などの接続語を用いた話の展開も学習していくとよい。理解できる話の幅が広がり，話し方も変容していく。

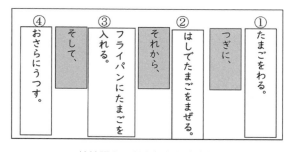

接続語カードを加えた文章例

〈参考文献〉小池敏英監修『アセスメントから始める国語　読解力を育む発達支援教材』学研

6 コミュニケーション
(4)コミュニケーション手段の選択と活用

104 マインドマップで作文を書こう

準備 ミニホワイトボード，ホワイトボードマーカー，A3用紙，作文構成表，付箋，「作文のきまり」カード
時間 40分　　**形態** 個別

■ねらい
読み書き困難の特性がある子供が自力で作文を書く方法を身に付ける。

■指導の流れ
①作文のテーマを決めて，ミニホワイトボードの中央に書いて丸く囲む。
②テーマについて考えたり，思い出したりしたことを，中央のテーマの周りに線を引いて書き出していく。思いつかない子には，「いつ」「どこで」「だれが（と）」「何をした」「どう思った？」や，「はじめに」「自分だったら？」「印象に残ったところは？」など，必要に応じて思い出すきっかけとなる言葉かけをする。付箋で書いて貼り付ける方法も効果的である。
③完成したマインドマップを基にしながら，原稿用紙に作文を書いていく。
④書いた作文を音読しながら読み返し，修正をする。

■指導のポイント
◇集める材料の数を最初に決めておくと，子供が見通しをもち，安心して取り組める。
◇最初の何回かは教員が子供から聞き取りを行い，マインドマップの作り方の手順を示す。また，「作文マインドマップ」を視覚的に示す。
◇作文にする際，「作文のきまり」をカードにし，子供が必要に応じて見ることができるよう手元に置いておくとよい。
◇特殊音節につまずきのある子供は，同時に『多層指導モデルMIM　読みのアセスメント・指導パッケージ』（海津亜希子編著，学研）教材を使って特殊音節の指導を行い，④の見直しの段階で手を使いながら誤表記を訂正できるようにする。
◇マップの周りに書く材料を付箋に書くと，構成表に移し順序を考えるときには分かりやすい。

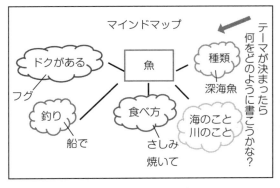

作文マインドマップ

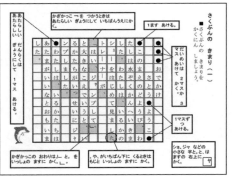

作文のきまり

6 コミュニケーション
(5)状況に応じたコミュニケーション

105 わたしはだれでしょう

準備 動物のお面（お面の上に紙をかぶせて動物が見えないようにしておく），動物の絵（写真）カード，動物の特徴を書いたヒントカード（必要に応じて）
時間 30分
形態 小集団

■ねらい
　答えを導くために必要な情報を相手に質問したり，相手の質問に対して答えたりできるようになる。相手から得た情報で推理して答えを考えられるようになる。

■指導の流れ
①お互いの顔が見えるように全員が丸く座る。
②全員が違う動物のお面をかぶる（自分でかぶるときは見えないように覆いをしてかぶり，かぶり終わったら覆いを取る）。
③順番に自分の動物について他の人に質問する。（誰に対してでもよい）
④会話のやりとりをしながら，その内容から自分の動物の見当をつける（質問の内容は相手が「はい」か「いいえ」で答えられるようにする）。
　例 「私の動物は大きいですか」「いいえ，大きくないです」等
⑤2～3巡したら，それぞれが自分の動物を当てる。

■指導のポイント
◇はじめにめあて「質問をして自分の動物が何かを当てよう」という趣旨を皆で確認する。
◇他の友達のお面を見ても動物の名前を言ってしまわないようにルールを確認する。
◇質問は1回につき，一つまで。
◇配慮として，どんな動物がいるのかを絵（写真）カードなどで提示し，発達段階に合わせて動物の特徴を書いたヒントカードなどを用意しておく。
◇質問を考えられない子供にはどんな質問をしたらよいか具体的な手本を指導者が見せる。
◇友達からの質問をよく聞き相手の方を見て答えられるように支援する。
◇「3 人間関係の形成 (1)他者とのかかわりの基礎」と関連付けて指導するとよい。

おめん

子供A：ぼくの動物は鼻が長いですか？
子供B：はい、長いです。
子供A：ありがとうございました。
子供A：わかった。きっと、あの動物だ！
　　　ぼくの動物は、ぞうですか？
全　員：はいそうです。
子供A：やったー！　当たった。

6 コミュニケーション
(5)状況に応じたコミュニケーション

106 今日は何をしよう？

準備 なし

時間 10〜15分　　　　**形態** 集団

∎ねらい

目的に沿って意見や内容をまとめ，みんなで相談できるようになる（高学年対象）。

∎指導の流れ

①教師が学習内容の説明をする。

「全員（教師も参加）で楽しく遊ぼう」をテーマに，条件に合った内容の中から本時で活動するものを話し合いで決める。

②司会と書記を決める。

立候補，または推薦か，教師から指名する。できるだけ一人１回は司会か書記を経験していくようにするが，無理強いはしない。

例 「僕は書くのが苦手だから書記は自信ないなぁ」「司会やってみたい！」

③話し合うときのポイントとコツを指導する。

全員で協力して話し合いを進めることが大切であるため，肯定的で具体的な発言を行い，反対意見があるときには必ず代替案を言う。司会は特定の人ばかり指名しない。目的から話が逸れないこと，時間内に終えることに気を付ける。

④話し合いを始める。

はじめのうちは教師が進行のサポートをしながら行う。書記についても，発言の要点のおさえ方をやりながら指導する。

例 司会：「Ａさん」　Ａ：「ドッジボールなら全員でやれるからいいと思います」　司会：「Ｂさん，どうぞ」　Ｂ：「でも，ドッジボールが苦手な人もいるし，外に出てやるには時間が足りないと思います。だから教室で遊べるものがいいと思います」

⑤話し合いを終える。

結論が出たら，司会と書記は決まったことを発表し，全員で拍手をする。

司会と書記を担当した子供から感想を聞き，その後，全員で決まった遊びやゲームの準備をする。

∎指導のポイント

◇通常の学級では司会や書記を経験することの少ない子供が多いため，人の話を聞く，多くの意見からよりよいものを決めていく，要点をまとめるという思考過程を経験するにはとても効果的な学習である。話題も自分たちがこれから遊ぶ内容という具体的にイメージしやすいことなので，取り組みやすく，話し合いでの協力姿勢について学ぶよい機会になる。

119

107 アイデアブレーンストーミング

6 コミュニケーション
(5)状況に応じたコミュニケーション

準備 ワークシート（アイデアと「いいねポイント」を書き込むもの），タイマー
時間 25分
形態 集団

■ねらい

他者の意見や考えを尊重しながら，自分の意見や考えを他者に伝えることができるようになる。

■指導の流れ

①全体のめあて「上手な話し合いをしよう」を確認する。
②内容とルールを説明する。

2チームに分かれ，お題に沿ってアイデアを出していく。一人ずつアイデアを出していき，よいと思ったら「いいね」と言う。全員が「いいね」と言えば1ポイント入る。各チーム何ポイント入ったかを競う。危険なアイデアやマナー違反になるようなことは減点。

教師も参加し，司会とワークシートへの記入を行う。
③ゲームをスタートする（制限時間7分）。

教師がお題を発表する。「ペットボトルの再利用法」「新聞紙の再利用法」「イライラしたときの気分転換法」

例 「ペットボトルをじょうろの代わりに使う」→「いいね！」「いいね！」

司会役教師：「同意がないよ。質問したら？」みんなが早く同意すれば得点が増えていくことに気付かせる。
④採点結果を発表する。

各チームの代表が得点を発表する。おすすめアイデアについて簡単にプレゼンテーションを行う。司会役で参加したサブの教師から話し合いの様子を評価してもらう。
⑤お題を変えて2回目を行う。

■指導のポイント

◇次回に向けてお題を子供から募集してもよい。自分の案が採用されることで，より意欲が高まっていく。

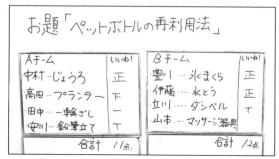

板書例

〈参考文献〉上野一彦監修　岡田　智・中村敏秀・森村美和子・岡田克己・山下公司著『特別支援教育をサポートする　ソーシャルスキルトレーニング（SST）実践教材集』ナツメ社

6 コミュニケーション
(5)状況に応じたコミュニケーション

108 いい質問をしよう

準備 自作プリント教材

時間 35分 **形態** 集団

■ねらい

会話の内容や周囲の状況を読み取って発言することができるようになる（中学年対象）。

■指導の流れ

①全体のめあて「いい質問とはどのような質問なのか考えてみよう」を確認する。

②「いい質問」について考えてみる。

教師からの発問に対して出た意見や考えを板書し，「いい質問」についてある程度定義付けを行う。

> **例** **教師**：「授業中に先生が『それはいい質問ですね』と言うことがあると思いますが，"いい質問"って，どんな質問のことでしょうか？」
>
> **子供**：「みんなのためになる？」「話に関係があるってことかな？」「ヒントになる？」

③ワークシートに取り組む（2種類行うが1種類ずつ取り組みワークシートも別に配布する）。

教師がワークシートの問題文を読み上げる。このときにイメージしながら読めるように事前に状況を説明しておく。

> **例** 「来週社会科見学があります。今はその事前学習でしおりの確認をしているという設定です」

④全員で正解を考える。

いい質問かどうかという観点から消去法で考えていくよう指導する。板書した定義を参考にするようヒントを出す。

> **例** 「"ジュースを持って行ってもいいですか？"は違うね。だって，飲み物は"お茶か水"って書いてあるから」

⑤応用練習をする。

新たなワークシート（明日の図工の持ち物について）を提示し自分で質問を考えて発表する。

■指導のポイント

◇空気が読めない，場に応じた発言をすることが難しいとされる子供にとっては効果的な学習である。自分の興味や関心がある部分にのみ集中してしまうため，何が違っているのか，何を求められているのかに気付けるような授業を展開できるとよい。

◇その他の授業に発展させていくとよい。すぐに思いつきで質問をする子供に対しては，「それはいい質問かな？」と授業を思い出させ，まず自分の中で考えてから発言する行動を身に付けさせていけるとよい。

109 ４コマ漫画で状況読み取り

6 コミュニケーション
(5) 状況に応じたコミュニケーション

準備 ４コマ漫画（市販のもの等），自作プリント教材，パソコン（プレゼンテーションソフトを使用する）
時間 20分　　**形態** 個別

■ねらい
絵の細かい部分まで見て登場人物の視点に立って考えたり，場面の状況から雰囲気を読み取ったりすることができるようになる。

■指導の流れ
①めあて「セリフを入れて，どんなお話か想像しよう」を確認する。
②教師が発問する。
　例「１コマずつよく見て，気が付くことはないかな？　主人公になったつもりでセリフを考えてみましょう」
③漫画を見る。
④どのような話か言葉で説明する。
　例　子供：「主人公が友達と魚を取り合っている。そこにアシカが現れた」　教師：「アシカはどんな風に近付いてきたと思う？　主人公は気付いている？」　子供：「そっとかな」
⑤セリフを吹き出しに書く。
　実際の役になったつもりでセリフを書く。表情もよく見るように促す。
⑥アニメーションに合わせてセリフを読み上げる。
　子供が書き込んだセリフを教師がプレゼンテーションソフトに入力し，アニメーション化する。子供はセリフとともに，状況や雰囲気に合ったナレーションも行う。

■指導のポイント
◇プレゼンテーションソフトは使用しなくても構わない。
◇結末のおもしろさに気付けない，表情の読み取りが難しい子供には丁寧に解説していくとよい。

6 コミュニケーション
(5)状況に応じたコミュニケーション

110 ナンバーゲーム

準備 数字カード（1～8の番号を書き，ひもをつけて首から下げられるようにしておく）
時間 20分　　**形態** 小集団

■ねらい
　状況をとっさに判断して行動することができるようになる。また，友達や教師と数字の掛け合いをすることで連帯意識を育てる。

■指導の流れ
①ルールを確認する。
　手をたたくリズムに合わせ，数字の掛け合いでつないでいくゲーム。
②椅子の配置を変え，お互いに向かい合うように輪になって座る。
③自分の番号を決め（1～8），メダルのように首からかける。
④リズムに合わせて両手で2回たたいた後で左右の親指を出しながら，3回目で自分のナンバー（番号）を，4回目で他の人のナンバーを言う。

　例　手拍子・手拍子・「5」・「8」
　　　　1　　　2　　3　　4

⑤友達に自分のナンバーを言われたら，自分の番として続けていく。
　手拍子は全員で行う。

■指導のポイント
◇とっさに自分の番号を言われ，対処できずに動揺したり，リズムに合わず遅れてしまう子供もいるため，手拍子の速さは子どもの発達段階に合わせるよう大人が調整したり，「ドンマイ」と声かけするなど，みんなで楽しくゲームを続けることがめあてであることを伝えておく。
◇続けていくうちに途中で止まったり，間違えたらリーダー役の教師が止め，そこからやり直して続ける。

首から下げるナンバー

発達障害のある子への自立活動一覧表

区分	項目	主に発達障害に関するねらい	主な目標例
1 健康の保持 ※生命を維持し，日常生活を行うために必要な健康状態の維持・改善を身体的側面を中心として図る観点から内容を示してある。	(1)生活のリズムや生活習慣の形成	衣服の調節，室温の調節や換気，感染予防のための清潔の保持など健康な生活環境の形成を図る。	・整髪，衣服の乱れ，身だしなみ ・整理・整頓
	(4)障害の特性の理解と生活環境の調整	自分の障害の特性やそれらが学習上または生活上の困難にどう関連しているかを理解することと，その状況に応じて自分の行動を調整したり，自らの生活環境に働きかけて整える力を身に付ける。	・自ら刺激の調整 ・対人関係に関する技能の習得
	(5)健康状態の維持・改善	障害のため，運動量が少なくなったり，体力が低下したりすることを防ぐために，日常生活における適切な健康の自己管理ができる。	・運動することへの意欲と適度な運動 ・食生活と健康の般化
2 心理的な安定 ※自分の気持ちや情緒をコントロールして変化する状況に適切に対応するとともに，障害による学習上又は生活上の困難を改善・克服する意欲を図る観点から内容を示してある。	(1)情緒の安定	情緒の安定を図ることが困難な幼児児童生徒が，安定した情緒の下で生活できる。	・興奮を鎮める方法（衝動性の抑制） ・様々な感情を伝える手段 ・勝ち負けの経験，失敗の受け入れ ・注意集中・行動調整 ・気持ちの切り替え ・折り合いを付ける
	(2)状況の理解と変化への対応	場所や場面の状況を理解して心理的抵抗を軽減したり，変化する状況を理解して適切に対応したりするなど，行動の仕方を身に付ける。	・状況を理解した適切な行動 ・場に応じた適切な行動の仕方 ・予定の変更への対応，柔軟な対応 ・固執性の切り替え（3と4関連付ける）
	(3)障害による学習上又は生活上の困難を改善・克服する意欲	自分の障害の状態を理解したり，受容したりして，積極的に障害による学習上又は生活上の困難を改善・克服しようとする意欲の向上を図る。	・双方のコミュニケーション体験 ・言語表出に関すること ・コミュニケーション手段の選択と活用 ・読み取り易い代替手段の活用 ・同じ障害のある者同士の自然な関わり
3 人間関係の形成 ※自他の理解を深め，対人関係を円滑にし，集団参加の基盤を培う観点から内容を示してある。	(1)他者とのかかわりの基礎	人に対する基本的な信頼感をもち，他者からの働き掛けを受け止め，それに応じることができる。	・関わり合う素地作り ・本人の気持ちの伝達 ・名前を覚える
	(2)他者の意図や感情の理解	他者の意図や感情を理解し，場に応じた適切な行動をとることができる。	・他者と気持ちの共有 ・感情の認知，感情の表現 ・静かに聴く，注目する
	(3)自己の理解と行動の調整	自分の得意なことや不得意なこと，自分の行動の特徴などを理解し，集団の中で状況に応じた行動ができる。	・自分や他者の気持ちの視覚化 ・自ら適切な行動を選択し調整 ・体験的な活動により得手不得手の理解を促す（刺激量の調整，回避） ・特定の光や音の刺激量の調整，回避
	(4)集団への参加の基礎	集団の雰囲気に合わせたり，集団に参加するための手順やきまりを理解したりして，遊びや集団活動などに積極的に参加できる。	・仲間を知る，関わる，楽しむ，応援，協力，助ける ・役割遂行，所属感を高める ・遊びの共有
4 環境の把握 ※感覚を有効に活用し，空間や時間などの概念を手掛かりとして，周囲の状況を把握したり，環境と自己との関係を理解したりして，的確に判断し行動できるようにする観点から内容を示してある。	(2)感覚や認知の特性についての理解と対応	障害のある児童一人一人の感覚や認知を理解し，その特性を踏まえ，自分に入ってくる情報を適切に処理できる。	・補助及び代行手段の適切な活用 ・感覚の過敏さへの対応 ・視覚，聴覚，触覚などの保有する感覚 ・認知の偏りへの対応
	(3)感覚の補助及び代行手段の活用	保有する感覚を用いて状況を把握しやすくするよう各種の補助機器を活用できるようにしたり，他の感覚や機器での代行が的確にできる。	・自分で苦手な音などを知り，音源を遠ざける。 ・その特定の音が発生する理由や仕組みなどの理解

主な指導内容・方法，配慮事項	特別支援学校学習指導要領解説「自立活動編」の具体的な事例（発達障害の特性）	実践事例
	自閉症…特定の食物，衣服へのこだわり，偏食，同じ服を着続ける ADHD…周囲に気が散りやすい，一つの行動に時間がかかる	1 触る・聞く・見る 2 身だしなみチェック 3 学習の準備・片付け，整理しよう 4 どこに何を置けばよいのかな？ 5 見た目は何割？第一印象
※自ら別の場所に移動，音量の調整や予定の説明の依頼 ※自分の特性に気付き，自分を認め，生活に必要な支援を求める	自閉症…感覚の過敏さやこだわり，大きな音や予定の変更に情調不安定 LD・ADHD…長所，短所，得手不得手の客観的な認識が困難，他者との違いから自己否定	6 自分とりせつ・お願いカード 7 自分研究所 8 作戦を立てよう
	知的障害・自閉症…運動量が少なく肥満，体力低下 二次的な要因で体力低下	9 太鼓に合わせて動こう 10 バランスボールで体幹づくり 11 ドーンじゃんけん 12 ゴム紐バンブーダンス
※感情を表したカードやメモによる自分の気持ちの伝達 ※落ち着く場所に移動 ※自分に合った集中の仕方 ※自分に合った課題への取り組み方 ※こだわりへの対応	自閉症…他者に自分の気持ちを伝えられずに，自らを叩く，他者に不適切な関わり ADHD…自分の行動を注意され反発し興奮を鎮められない，注意や集中の持続が困難 LD…読み書きできずに自信を失い，感情的になり情緒不安定	13 ふわふわ言葉・ちくちく言葉 14 ぼうずめくり 15 空き缶タワーゲーム 16 気持ち日記 17 教室オセロ
※予定されたスケジュールや予想される事態や状況等を伝える，事前に体験できる機会の設定，予定表に書いて確かめる ※行動の仕方を短い文章で読む，適切な行動の例示 ※特定の動作や行動をしてよい時間帯や回数の決定	自閉症…日々の日課や異なる学校行事，急な予定変更へ対応出来ずに混乱，不安，周囲の状況に意識を向けることや経験した事を生かし場面に結び付けて対応することが苦手，特定の動作や行動への固執，同じ話の繰り返しにより次の場面への切り替えが困難	18 言いたいことを言おう 19 こんなときどうする？要求と相談 20 関門突破ゲーム
※送り仮名を振る，拡大コピー，コンピュータによる読み上げ，電子書籍の利用等の代替手段 ※口頭記述アプリ，ワープロによるキーボード入力，タブレット端末のフリック入力の使用 ※社会で活躍している先輩の生き方を参考	LD…数字の概念や規則性の理解，計算に時間がかかる，文章題の理解や推論が困難，学習への意欲や関心が低い，学習への意欲を失う，漢字の読みを覚えられない，覚えても忘れてしまう，読書を嫌い語彙が増えない，書くことの困難さ	21 目指せ！スムーズな音読 22 おもしろ早口言葉 23 キーワードで文章題をイメージ
※教師との安定した関係形成	自閉症…他者との関わり方が身に付いていない	24 友達ビンゴ 25 上手に断ろう 26 かぶらナイス 27 ありがとう，ごめんね 28 すごろくトーク 29 お願いトランプ 30 好きなものな〜に？かくれんぼ 31 相談してスリーヒントをつくろう 32 UFOキャッチャーゲーム
※他者と関わる際の具体的な方法 ※相手の言葉や表情などから，相手の立場や考えていることなどを推測する指導	自閉症…相手の思いや感情の読み取り，それに応じた行動の困難，言葉を字義通りに受け止め，相手の真意の読み取りを間違う	33 最後まで聞くぞトレーニング 34 「どうして？」「どんな？」雑談をしよう 35 どんな気持ち？ 36 電池人間 37 約束を守って絵本を楽しもう
※やりとりの繰り返し ※具体物や視覚的な情報，感情を表した絵やシンボルマークの活用 ※自分の行動と出来事の因果関係の図式化，実現可能な目当ての立て方，点検表による振り返り	ADHD…衝動抑制困難，自己状態の分析理解の困難，同じ失敗の繰り返し，目的に添った行動調整が苦手 自閉症…長所や短所への関心薄い，自己理解困難，他者が自分をどのように見ているかの理解の困難，他者の意図や感情の理解が不十分，特定の音や光により混乱，行動調整困難	38 ブロック伝達ゲーム 39 気持ちの温度計 40 どうしてイライラするの？ 41 こんなときどうする？「イライラ」 42 アンガーマネジメント
※ルールの段階的な指導，ロールプレイ ※手順に沿って動く，指示理解 ※順番交代	ADHD…遊びのルール理解不十分，勝ちたい気持ちによりルールを守れない	43 お楽しみ会をしよう！役割決めと準備 44 フルーツバスケット 45 遅れないように行こう 46 ふわふわ言葉で風船バレー 47 復活ドッジ 48 宝探しで言葉づくり 49 虹をつくろう 50 協力して準備・片付けをしよう
※不快である音や感触などを自ら避ける，音が発生する理由や身体接触の意図を知らせる ※注目すべき箇所の色分け，手で触れるなど他の感覚の使用 ※読み取り易い書体，文字間や行間を広げる	自閉症…聴覚の過敏さのため特定の音に，触覚の過敏さのため身体接触や衣服の材質に強く不快感を抱く，刺激が強い，突然に感情が急激に変化，思考が混乱 ADHD…注目すべき箇所が不明，注意持続時間が短い，注目する対象の変動，学習等に支障をきたす LD…文字の判別が困難になり，文節を把握することが困難	51 よくよく見よう 52 ふくわらい 53 フライングゲーム
※イヤーマフやノイズキャンセルヘッドホン等の音量調節器具の利用 ※自分で対処できる方法を身に付ける。	自閉症…特定の音を嫌がる	54 苦手な音や光から逃げよう 55 お助けグッズを使おう

区分	項目	主に発達障害に関するねらい	主な目標例
	(4)感覚を総合的に活用した周囲の状況についての把握と状況に応じた行動	いろいろな感覚器官やその補助及び代行手段を総合的に活用して，情報を収集したり，環境の状況を把握したりして，的確な判断や行動ができる。	・様々な感覚を使って多面的に文字を認識し，自らの動きを具体的に想像させる
	(5)認知や行動の手掛かりとなる概念の形成	ものの機能や属性，形，色，音が変化する様子，空間・時間等の概念の形成を図ることによって，それを認知や行動の手掛かりとして活用できるようにする。	・手順表などを活用し，順序や時間，量の概念等を形成 ・順序に従って全体を把握 ・適切に段取り ・基礎的な概念の形成
5 身体の動き ※日常生活や作業に必要な基本動作を習得し，生活の中で適切な身体の動きができるようにする観点から内容を示してある。	(1)姿勢と運動・動作の基本的技能	日常生活に必要な動作の基本となる姿勢保持や上肢・下肢の運動・動作の改善及び習得，関節の拘縮や変形の予防，筋力の維持・強化を図ることなどの基本的技能を身に付ける。	・姿勢や作業の持続性
	(3)日常生活に必要な基本動作	食事，排泄，衣服の着脱，洗面，入浴などの身辺処理及び書字，描画等の学習のための動作などの基本動作を身に付ける。	・目と手の協応した動き ・手先の巧緻性
	(5)作業に必要な動作と円滑な遂行	作業に必要な基本動作を習得し，その巧緻性や持続性の向上を図るとともに，作業を円滑に遂行する能力を高める。	・身体をリラックスさせる運動 ・粗大運動，ボディーイメージを育てる運動 ・微細運動 ・周りに合わせて動く ・目と手の協応 ・他者への注意や視点の共有 ・作業に必要な基本動作の習得
6 コミュニケーション ※場や相手に応じてコミュニケーションを円滑に行うことができるようにする観点から内容を示してある。	(1)コミュニケーションの基礎的能力	児童の障害の種類や程度，興味・関心等に応じて，表情や身振り，各種の機器などを用いて意思のやりとりが行えるようになるなど，コミュニケーションに必要な基礎的な能力を身に付ける。	・非言語のやりとり ・身振りや表情，指示，具体物の提示等非言語的な方法 ・情報の伝達
	(2)言語の受容と表出	話し言葉や各種の文字・記号等を用いて，相手の意図を受け止めたり，自分の考えを伝えたりするなど，言語を受容し表出することができる。	・話す人を見る，話を聞く態度の形成 ・コミュニケーションの基礎，コミュニケーション手段の活用 ・相手の意図を推測する学習 ・周囲の状況や他者の感情に配慮した伝え方 ・体の動きを通して気持ちをコントロールする力 ・人と会話するときのルールやマナーの理解 ・会話中に相手の表情を気にかける ・質問と応答のルール理解
	(3)言語の形成と活用	コミュニケーションを通して，事物や現象，自己の行動等に対応した言語の概念の形成を図り，体系的な言語を身に付けることができる。	・言語理解 ・ICT 機器等を活用し，見る力や聞く力を活用し言語概念を形成
	(4)コミュニケーション手段の選択と活用	話し言葉や各種の文字・記号，機器等のコミュニケーション手段を適切に選択・活用し，コミュニケーションが円滑にできる。	・身振り手振りなどによる意思のやりとり ・話し言葉を補うための手段の選択 ・コンピュータの読み上げ機能やマインドマップ等の表現の利用 ・コミュニケーションすることに楽しさと充実感を味わえる学習
	(5)状況に応じたコミュニケーション	場や相手の状況に応じて，主体的なコミュニケーションを展開できるようにする。	・内容をまとめながら聞く能力を高める ・分からないときに聞き返す ・報告，援助，依頼 ・相談することのよさの実感 ・自分のコミュニケーションの傾向の理解

主な指導内容・方法，配慮事項	特別支援学校学習指導要領解説「自立活動編」の具体的な事例（発達障害の特性）	実践事例
※腕を大きく動かして文字の形をなぞる。	LD…視知覚のみによって文字を認識してから書こうとすると，目と手の協応動作が難しく，意図している文字がうまく書けない。	56 人文字ゲーム 57 船長さんの命令ゲーム 58 矢印体操
※指示の内容や作業手順，時間の経過等の視覚化 ※活動の流れや時間を視覚的に捉えられるスケジュールや時計などの提示，時間によって活動時間が区切られていることの理解を促す ※残り時間を確認しながら，活動の一覧表に優先順位をつけたりする	自閉症…「もう少し」「そのくらい」「大丈夫」など，意味内容に幅のある抽象的な表現を理解することが困難，指示の内容を具体的に理解することが困難，興味のある事柄に注意が集中する傾向，活動等の全体像が把握できない ADHDや自閉症…活動に過度に集中，終了時刻に終了できない LD…左右の概念を理解することが困難	59 折り紙 60 人間コピー 61 なぞなぞ推理 62 スリーヒントクイズ 63 ピクチャーゲーム 64 地図で遊ぼう 65 新聞紙遊び 66 優先順位！集団生活バージョン
※姿勢を整えやすいような机や椅子の使用 ※姿勢保持のチェックポイントの確かめ	ADHD…身体を常に動かしている傾向。自分でも気付かない間に座位や立位が大きく崩れ，活動を継続できない。	67 正しい姿勢で座ろう 68 バランスクッション 69 ヨガ 70 ぐにゃぐにゃ平均台 71 人間ボウリング
※書字の代行手段の活用（コンピュータによるキーボード入力等で記録することや黒板を写真に撮る）	LD…鉛筆の握り方がぎこちなく過度に力が入りすぎる，手や指先を用いる細かい動きのコントロールが苦手，目と手，右手と左手等を協応させながら動かす運動が苦手	72 ボタン早押し 73 数字タッチ 74 メモ帳作り 75 お箸でつまんでお引越し
※身の回りの生活動作の習熟 ※動作模倣 ※視線の活用 ※ボール操作	ADHD…目と手の協応動作や体を思った通りに動かすこと等が不得手。身の回りの片付けや整理整頓等が困難，手足を協調させて動かすことや微細な運動をすることに困難 自閉症…自分のやり方にこだわり，手足を協調させてスムーズに動かすことが困難。意図を適切に理解することが困難，興味のある一つの情報にのみ注意集中	76 サーキット 77 お手玉キャッチボール 78 棒体操・棒キャッチ 79 紙飛行機飛ばし大会 80 くもの巣くぐり 81 だるまさんがひろったゲーム 82 バランスボール体操 83 はてなボックス 84 忍者修行
	自閉症…興味のある物を手にしたいという欲求が強い，勝手に他者の物を使ったり，他者が使っている物を無理に手に入れようとしたりする	85 「ちょっと失礼」たかおに 86 紙コップタワー 87 協力ジェスチャーゲーム
※絵や写真など視覚的な手掛かりを活用し話を聞く ※メモ帳やタブレット型端末等を活用して自分の話したいことを相手に伝える ※小集団活動で，相手の話を受けてやりとりをする経験，ゲームなどを通して適切な言葉を繰り返し使用する	自閉症…他者の意図を理解したり，自分の考えを相手に正しく伝えたりすることが難しい。 ADHD…思ったことをそのまま口にして相手を不快にさせるような表現を繰り返す。行動調整，振り返ったりすることが困難。相手の気持ちを想像した適切な表現の方法が身に付いていない	88 交代会話練習 89 絵カード合わせ 90 本当に言いたいことは…… 91 15のトビラ 92 サイコロスピーチ 93 話し合おう！ケーキデコレーション 94 会話を続けよう 95 相談！ムシムシマンション
※実体験，写真や絵と言葉の意味を結び付けて理解	LD…言葉は知っているものの，その意味を十分に理解せず伝わらない，思いや考えを正確に伝える語彙が少ない	96 いつどこでだれが何をしたゲーム 97 お店屋さんごっこ 98 言葉集め 99 説明しりとり 100 感想を伝えよう
※話し言葉を補うために絵カードやメモ，タブレット端末等の機器を使用 ※簡単な絵に吹き出しや簡単なセリフを書き加えたり，コミュニケーションボード上から伝えたい項目を選択したりする等の手段の選択	自閉症…言葉でのコミュニケーションが困難，順を追って説明することが困難，聞き手に分かりやすい表現をすることができない LD…読み書きの困難により，文章の理解や表現に非常に時間がかかる	101 ジェスチャーゲーム 102 説明上手になろう 103 どんなお話？ 104 マインドマップで作文を書こう
※相手の立場に合わせた言葉遣いや場に応じた声の大きさ，実際の生活場面で状況に応じたコミュニケーションを学ぶことができるような指導 ※ホワイトボードなどを使用して気持ちや考えを書きながら整理 ※相手に伝えるための話し方の学習 ※安心して自分の気持ちを言葉で表現する経験を重ねる	LD…話の内容を記憶して前後関係を比較したり類推したりすることが困難，会話の受け答えをすることができない 自閉症…会話の内容や周囲の状況を読みとることが困難，状況にそぐわない受け答えをする，相談することが困難，思考を言葉にして目的に沿って話すこと，他者の視点に立って考えることが苦手，コミュニケーションのすれ違いから話す意欲の低下	105 わたしはだれでしょう 106 今日は何をしよう？ 107 アイデアブレーンストーミング 108 いい質問をしよう 109 4コマ漫画で状況読み取り 110 ナンバーゲーム

【編著者紹介】

喜多　好一（きた　よしかず）
東京都江東区立豊洲北小学校　統括校長
全国特別支援学級・通級指導教室設置学校長協会　副会長
全国連合小学校長会　特別支援教育委員会　委員長

【執筆者紹介】　＊五十音順　＊所属は執筆時

井本　志保	元東京都江東区立豊洲北小学校	主幹教諭
角舘　桃子	東京都江東区立臨海小学校	教諭
川野美智代	東京都江東区立豊洲北小学校	教諭
後藤　清美	東京都江東区立第二亀戸小学校	主任教諭
世良　泉	東京都江東区立豊洲北小学校	主幹教諭
堀越　ゆかり	東京都江東区立豊洲北小学校	教諭
森　由子	東京都江東区立亀高小学校	主任教諭

特別支援教育サポートBOOKS
通級指導教室　発達障害のある子への
「自立活動」指導アイデア110

2019年10月初版第1刷刊　Ⓒ編著者　喜　多　好　一
2025年１月初版第12刷刊　発行者　藤　原　光　政
　　　　　　　　　　　　発行所　明治図書出版株式会社
　　　　　　　　　　　　　　　　http://www.meijitosho.co.jp
　　　　　　　　　　　　（企画）佐藤智恵（校正）栗飯原淳美
　　　　　　　　　　　　〒114-0023　東京都北区滝野川7-46-1
　　　　　　　　　　　　振替00160-5-151318　電話03(5907)6703
　　　　　　　　　　　　ご注文窓口　　電話03(5907)6668

＊検印省略　　　　　　　組版所　広研印刷株式会社

本書の無断コピーは，著作権・出版権にふれます。ご注意ください。

Printed in Japan　　　　　　　　　　　　ISBN978-4-18-332312-5
もれなくクーポンがもらえる！読者アンケートはこちらから →